中國學術思想 研究輯刊

二三編

林慶彰 主編

第16冊

和而不同
——黃宗羲的門戶關懷與《明儒學案》的編纂

白潔尹 著

花木蘭文化出版社

國家圖書館出版品預行編目資料

和而不同——黃宗羲的門戶關懷與《明儒學案》的編纂／白潔尹
著 — 初版 — 新北市：花木蘭文化出版社，2016〔民 105〕
目 2+146 面；19×26 公分
（中國學術思想研究輯刊 二三編；第 16 冊）
ISBN 978-986-404-567-9（精裝）
1.（清）黃宗羲 2. 明儒學案 3. 研究考訂
030.8   105002152

ISBN-978-986-404-567-9

9 789864 045679

中國學術思想研究輯刊
二三編　第十六冊　　　　　　　　ISBN：978-986-404-567-9

和而不同
——黃宗羲的門戶關懷與《明儒學案》的編纂

作　　者　白潔尹
主　　編　林慶彰
總 編 輯　杜潔祥
副總編輯　楊嘉樂
編　　輯　許郁翎
出　　版　花木蘭文化出版社
社　　長　高小娟
聯絡地址　235 新北市中和區中安街七二號十三樓
　　　　　電話：02-2923-1455／傳真：02-2923-1452
網　　址　http://www.huamulan.tw 信箱 hml810518@gmail.com
印　　刷　普羅文化出版廣告事業
封面設計　劉開工作室
初　　版　2016 年 3 月
全書字數　143972 字
定　　價　二三編 24 冊（精裝）新台幣 46,000 元

和而不同
——黃宗羲的門戶關懷與《明儒學案》的編纂

白潔尹　著

作者簡介

白潔尹，新加坡國立大學中文系碩士，現從事教育工作。論文〈化零為整，化整為零——陳淳《北溪字義》與《北溪大全集》中對「心」的詮釋結構〉刊於高雄師範大學經學研究所之《經學研究集刊》第十四輯。

提　要

　　《四庫》館臣及以往學者對黃宗羲（1610～1695）《明儒學案》持有「爭門戶」的總體印象，但鮮有研究明確指出《學案》回護陸、王心學的具體方法。本書以蔡清（1453～1508）和陳獻章（1428～1500）兩人的學案為研究個案，校勘個案裡的部分原文，並究覽明儒原著的內容及參照其他相關個案，以剖析黃宗羲為《學案》甄選和裁剪史料時的思想傾向，從而說明他如何體現極為曲折與複雜的門戶關懷。要之，黃宗羲提倡的並非「爾是我非」的門戶相軋之見，而是欲編纂《學案》，為當時的學術界創造一個「和而不同」的和諧氛圍，由此建立一個「門戶並存」的局面，既不排斥程、朱學脈，同時也承認陸、王為儒學真傳。學者明乎《學案》的諸多編纂規律，則在究鏡明儒之學宗等問題時，便自有商榷餘地，而不必盡以《學案》之說為是。

目

次

第一章　緒　論

第一節　文獻回顧與問題意識

　　黃宗羲（1610～1695），字太沖，號梨洲，浙江餘姚人。受業劉宗周，重經史之鑽研，百家、釋道之書莫不遊心寓目，又博綜涉獵，在天文、曆算、音律等領域皆有建樹，可謂鴻儒碩學，學者稱南雷先生。黃宗羲著述宏富，撰有《易學象數論》、《南雷文定》、《明儒學案》、《明夷待訪錄》、《大統曆推法》等等。正因黃宗羲的學問深邃淵博，關於他的研究也極為多樣繁富。目前學術界對於黃宗羲的研究多以他的學術專長與著作性質分類為文史哲三方面。〔註1〕

〔註1〕　關於黃宗羲的研究可謂汗牛充棟，難以備陳。本書不擬巨細靡遺地指出各方面研究的具體情況，僅在此作一個大略的介紹，並列出一些較新的研究成果，以明晰本書的研究取向。有關黃宗羲的研究情況與發展，可參考林于盛：《黃梨洲思想旨歸探析》（臺北縣永和市：花木蘭文化出版社，2010年），頁1～26。其所搜羅的相關著作資料甚為詳贍，內容頗便觀省。此外，讀者亦可參看張宏敏：〈當代黃宗羲思想與著作研究最新成果——「黃宗羲民本思想國際學術研討會」綜述〉，《哲學動態》，2006年08期，頁71～72。另外，對於黃宗羲研究，劉岐梅於2006年總結出了以下五點觀察：「其一，近代學者的黃宗羲研究，緣起於當時政治形勢的需要，真正學理意義上的客觀探究還甚為缺乏，而且往往附屬於意識形態的框架，無法開掘出思想發展的真正底蘊。其二，由於對啟蒙、民主等概念理解的標準不一致，關於黃宗羲思想的性質一直存在著分歧。因此，只有從當代學術立場的視域，在切實把握啟蒙、民主等基本概念的思想特質和內在意蘊的基礎上，才能對黃宗羲的政治思想特別是所涉及的具體政治問題，展開具有針對性的有效探討和論析。而

　　由於黃宗羲本身關乎史學與思想的著述與貢獻甚爲恢弘廣博，學者對於這些方面的論述顯得欲罷不能。相對來說，黃宗羲作爲文學家的身份則較少受到關注。關於他文學造詣的研究雖不及分析其史學與思想的文章的數量來得龐大，但也頗爲可觀，〔註2〕較近期的期刊論文有〈清初浙東學派文學思想的嬗變──以黃宗羲、全祖望同題碑傳文爲介質〉。〔註3〕總體而言，其中的研究多集中在他的文學批評方面，且以詩論居多。〔註4〕

　　在不勝枚舉的黃宗羲思想的論述中，我們又可按主題分成經濟、〔註5〕

目前這方面的自覺意識和深入研究還亟待加強。其三，學者對黃宗羲思想的研究，更多地集中在政治哲學方面，而對其史學思想、經學思想的探討尚嫌不足，對其科學思想的分析和關注亦較少，且多是現象的解釋，缺少理論的分析和深化。其四，對於黃宗羲啟蒙思想的歷史命運，學者重視不夠。尤其是對黃宗羲啟蒙思想在清中葉的中衰，以前較少思想內在原因的分析，對近代資產階級改良派和革命派的影響分析得也不夠深入、細緻。其五，總體上來看，有關黃宗羲思想的研究雖然取得了相當豐碩的成果，但無論深層次的專題探討還是系統性的綜合研究都還有待加強，特別是對於黃宗羲思想的當代價值的認識和開掘還極爲不夠。」見劉岐梅：〈黃宗羲研究百年述評〉，《青島大學師範學院學報》，2006 年 02 期，頁 63～64。另有學者企圖糾正黃宗羲的研究中所出現的各種誤讀現象，如：清末民初，出於政治鬥爭的需要，學者們將他的思想直接與西方民主、自由等思想相嫁接。參見黃勇軍：〈清末以降黃宗羲研究批判〉，《湖南師範大學社會科學學報》，2011 年 02 期，頁 125～128。

〔註 2〕關於黃梨洲在文學思想與作品的研究概況，可參考林于盛：《黃梨洲思想旨歸探析》，頁 13～16。

〔註 3〕雷斌慧：〈清初浙東學派文學思想的嬗變──以黃宗羲、全祖望同題碑傳文爲介質〉，《浙江學刊》，2014 年 01 期，頁 101～107。

〔註 4〕張曉蘭：〈黃宗羲戲曲觀探微──兼論其學術觀對戲曲觀之影響〉，《東華理工大學學報（社會科學版）》，2012 年 02 期，頁 142～145；鄧富華：〈黃宗羲傳記文學思想芻議〉，《文藝評論》，2011 年 08 期，頁 108～113；武道房：〈黃宗羲的學術思想與詩文批評〉，《文學評論》，2011 年 03 期，頁 41～50；張如安：〈不以門戶論是非，且承學統求正路──論黃宗羲的明文批評〉，《浙江社會科學》，2010 年 09 期，頁 78～82；溫德朝：〈論黃宗羲詩學思想與清初浙派之建構〉，《燕山大學學報（哲學社會科學版）》，2010 年 03 期，頁 81～87；溫德朝、徐放鳴：〈黃宗羲詩歌審美藝術論〉，《南京社會科學》，2009 年 02 期，頁 87～92，以及俞樟華、俞波恩：〈黃宗羲傳記理論研究〉，《荊門職業技術學院學報》，2006 年 05 期，頁 33～37、71。

〔註 5〕張志超、吳曉忠：〈關於解決收入分配失衡問題的對策研究──兼議破解「黃宗羲怪圈」的路徑選擇〉，《山東大學學報（哲學社會科學版）》，2013 年 03 期，頁 84～92；高喆：〈從黃宗羲定律探析中國當前稅制結構〉，《韶關學院學報（社會科學）》，2013 年 03 期，頁 98～100；劉恒武、楊心珺：〈明代的錢

教育、〔註6〕倫理，〔註7〕等等的研究。近年，學者更多以新穎的視角來深化對黃宗羲思想的瞭解，對他的婦女觀、遺民觀和命運觀等予以討論，〔註8〕但大部分的研究仍集中在他的政治思想〔註9〕和理學宗旨〔註10〕，當中也有

法阻滯問題與黃宗羲的錢法思想〉，《浙江社會科學》，2010 年 09 期，頁 64～71、127，以及杜恂誠：〈「黃宗羲定律」是否能夠成立？〉，《中國經濟史研究》，2009 年 01 期，頁 153～156、176。

〔註6〕 馮凱峰：〈論黃宗羲的人才觀及對現代教育的啟示〉，《寧波教育學院學報》，2014 年 01 期，頁 79～82；王慧：〈黃宗羲教化思想研究〉，《教育評論》，2013 年 01 期，頁 144～146；張愛梅：〈試論黃宗羲教育思想之特色〉，《淮陰師範學院學報（哲學社會科學版）》，2012 年 06 期，頁 828～831；劉曉：〈淺談黃宗羲教育思想及對當代素質教育的啟發〉，《江西教育》，2011 年 08 期，頁 7；胡發貴：〈試論黃宗羲的「學校」觀〉，《中共寧波市委黨校學報》，2011 年 03 期，頁 113～116；梁雪：〈黃宗羲教育思想成因初探〉，《滄桑》，2011 年 02 期，頁 13～14；王濤：〈黃宗羲教育思想對明清實學思潮的影響〉，《西北第二民族學院學報（哲學社會科學版）》，2008 年 05 期，頁 90～93，以及黃敦兵、雷海燕：〈黃宗羲與明清之際學統的重建〉，《浙江學刊》，2008 年 02 期，頁 55～63。

〔註7〕 陳谷嘉：〈黃宗羲倫理思想的近代民主啟蒙元素——《明夷待訪錄》對封建君主專制的批判〉，《倫理學研究》，2013 年 02 期，頁 35～39；黃勇軍：〈中國傳統異端思想的自我限度——李贄與黃宗羲倫理思想比較研究〉，《倫理學研究》，2011 年 04 期，頁 32～36。

〔註8〕 李愛賢：〈論黃宗羲的婦女觀——以黃宗羲女性散傳為例〉，《天水師範學院學報》，2014 年 02 期，頁 54～57；吳增禮：〈黃宗羲的遺民觀——從「繼志續事」的角度看〉，《華中師範大學學報（人文社會科學版）》，2014 年 S2 期，頁 125～128；黃敦兵：〈試論黃宗羲的鄉俗治理思想——以黃宗羲對命運觀與葬地制的批評為例〉，《湖北經濟學院學報》，2014 年 02 期，頁 96～101；張圓圓：〈黃宗羲學術發展規律論〉，《理論探討》，2013 年 02 期，頁 70～73，以及賈慶軍：〈黃宗羲的天人感應說與革命思想〉，《自然辯證法研究》，2011 年 05 期，頁 102～106。

〔註9〕 張代響：〈本土民主法治的先聲——黃宗羲法律思想評述〉，《法制與社會》，2012 年 36 期，頁 15～16；包利民、唐瀚：〈中西比較視野中的「強者政治學」——從黃宗羲與柏拉圖的古典政治思想出發〉，《求是學刊》，2012 年 05 期，頁 26～31；黃勇軍：〈權力論：黃宗羲對儒家政治合法性理論的復歸與突破〉，《湖南師範大學社會科學學報》，2012 年 04 期，頁 80～83；萬昌華：〈黃宗羲國家政治體制思想研究〉，《魯東大學學報（哲學社會科學版）》，2012 年 02 期，頁 1～8；賈慶軍：〈黃宗羲的王霸義利之辨〉，《寧波大學學報（人文科學版）》，2012 年 02 期，頁 54～58；趙慶：〈黃宗羲《明夷待訪錄》及其法律思想研究〉，《學理論》，2011 年 18 期，頁 217～218；允春喜：〈在道義與事功之間——黃宗羲倫理政治思想新探展〉，《北京行政學院學報》，2014 年 02 期，頁 107～111；允春喜：〈黃宗羲「君臣」觀辨析〉，《道德與文明》，2011 年 01 期，頁 103～108；李繼富：〈黃宗羲政治思想變化及其原因淺析〉，《法制與社

結合兩者而作討論。〔註 11〕就學術源流而言，研究黃宗羲哲學思想的論者無不把他歸納在王陽明（1472～1529）心學旗下。〔註 12〕學者陳祖武就扼要地點出：「黃宗羲之學，近承劉宗周，遠宗王守仁」，其治學以捍衛陽明心學自任。〔註 13〕

　　黃宗羲作為史學家，歷來備受青睞。〔註 14〕學者對其在史學上的貢獻和影響或作綜述，又或設立專門研究加以評述，研究課題涵蓋了許多方面，如：史書的體例、編纂學、文獻學，史學思想等。〔註 15〕當然，要論及黃宗羲的

會》，2011 年 01 期，頁 251；劉華安：〈黃宗羲君主政治理論中的「協同治理」思想探析〉，《浙江社會科學》，2010 年 09 期，頁 72～77、127；允春喜：〈「民本之極限」還是「民主之萌芽」──黃宗羲政治思想定位〉，《北京科技大學學報（社會科學版）》，2009 年 03 期，頁 39～45，以及彭國翔：〈公議社會的建構：黃宗羲民主思想的真正精華──從《原君》到《學校》的轉換〉，《求是學刊》，2006 年 04 期，頁 44～49。

〔註 10〕 張立文：〈黃宗羲窮心的萬殊之學〉，《杭州師範大學學報（社會科學版）》，2013年 05 期，頁 1～10、46；方祖猷：〈從王艮到黃宗羲──試論中國啟蒙思潮的產生和演變〉，《寧波大學學報（人文科學版）》，2013 年 06 期，頁 78～83；劉梁劍：〈人物之際：黃宗羲「一本萬殊」思想的一個面向〉，《學海》，2012年 01 期，頁 160～164；貫慶軍：〈黃宗羲與弟子學術分歧研究之思考──《清初浙東學派論叢》專章析評〉，《史林》，2013 年 01 期，頁 176～184、191，以及董根洪：〈論黃宗羲實學和朱舜水實學的區別〉，《孔子研究》，1997 年 04期，頁 79～87。

〔註 11〕 顧家寧：〈秩序與心性：經世視域中的黃宗羲心學探析〉，《現代哲學》，2014年 02 期，頁 109～117；鄧輝、左珂：〈「氣本論」下的「聖王之治」──黃宗羲政治思想的哲學探究〉，《吉首大學學報（社會科學版）》，2010 年 03 期，頁5～8。關於黃宗羲的政治和哲學思想方面的具體研究和著作情況，可參看林于盛：《黃梨洲思想旨歸探析》，頁 3～10。

〔註 12〕 孫寶山：〈黃宗羲對陽明學的繼承和調整〉，《中州學刊》，2012 年 04 期，頁128～133；吳光：〈談談陽明學的真精神──兼論劉宗周黃宗羲對陽明學的轉型〉，《教育文化壇》，2010 年 04 期，頁 1～6；張宏敏：〈王陽明「本體工夫之辨」在明清之際的學術走向──以劉宗周、黃宗羲為中心的思考〉，《陽明學刊》，2009 年 00 期，頁 131～137；吳光：〈從陽明心學到「力行」實學──論黃宗羲對王陽明、劉宗周哲學思想的批判繼承與理論創新〉，《中國哲學史》，2007 年 03 期，頁 100～111，以及楊國榮：〈本體與工夫：從王陽明到黃宗羲〉，《浙江學刊》，2000 年 05 期，頁 12～18。

〔註 13〕 陳祖武：《中國學案史》（臺北：文津出版社，1994 年），頁 121。

〔註 14〕 關於黃宗羲的史學思想與著述的具體情況，可參看林于盛：《黃梨洲思想旨歸探析》，頁 10～13。

〔註 15〕 樓毅生：〈論黃宗羲的史學思想及其影響〉，《河北學刊》，1995 年 06 期，頁103～107；朱義祿：〈論黃宗羲「詩文補史」說〉，《中共寧波市委黨校學報》，

史學，申論他如何治史，學者莫不以其學術史巨作——《明儒學案》爲主要的研究對象。《明儒學案》全書共 62 卷，列 17 個學案，收錄了兩百一十二個明儒的資料，有法度地總結和記錄了明代學術思想的流派與師承演變情況。朱鴻林稱《明儒學案》爲「國學必讀之書」。他指出前人極爲重視此書，像梁啓超就譽其爲「六百年間學術的總匯，影響近代甚深」。〔註16〕確然，梁啓超甚爲推崇《明儒學案》，他說：「中國有完善之學術史，自梨洲之著學案始。」〔註17〕陳祖武也稱頌其開史學新風氣說：「倘若沒有《明儒學案》，在中國的傳統歷史編纂學中，也就無從挺生學案體史籍的新軍了。」〔註18〕錢穆先生（1895～1990）則謂是書是講學術思想的一種專門史，專治明代史者如不及此書，則可謂專中仍有缺。〔註19〕關於《明儒學案》的研究，有從整部書著手的，〔註20〕亦有從個別學案切入的。〔註21〕

2010 年 05 期，頁 85～91；王家範：〈複雜的歷史，需要複雜的頭腦——從「黃宗羲定律」說開去〉，《探索與爭鳴》，2010 年 01 期，頁 25～32，以及趙連穩：〈黃宗羲史學初探〉，《齊魯學刊》，1997 年 01 期，頁 108～114。此文從史學思想和史料觀兩方面，初步探討了黃宗羲的史學，認爲黃宗羲宣導的經世思想、民族思想及對史料觀點的闡發均有獨到見解。

〔註16〕朱鴻林：《朱鴻林讀黃宗羲：〈明儒學案〉講稿》（香港：中文大學出版社，2013年），頁 7～8。

〔註17〕梁啓超：《中國近三百年學術史》（北京：東方出版社，2004 年），頁 55。

〔註18〕陳祖武：《中國學案史》，頁 111。

〔註19〕錢穆：《中國史學名著》（臺北：三民書局，1974 年），頁 286～287。

〔註20〕從整部書《明儒學案》著眼的研究包括：王婧倩、唐玉潔：〈《明儒學案》學術史觀發微〉，《黑河學刊》，2012 年 06 期，頁 52～53；姚文永、王明雲：〈從《明儒學案》看黃宗羲的儒佛觀及其矛盾〉，《中國石油大學學報（社會科學版）》，2012 年 05 期，頁 81～84；陳衛平：〈突破傳統，書寫信史——《明儒學案》對中國哲學史學科的歷史先導意義〉，《人文雜誌》，2012 年 03 期，頁 19～24；屈甯、王曼：〈論《明儒學案》的歷史內涵和思想價值〉，《史學理論與史學史學刊》，2012 年 00 期，頁 231～244；陳暢：〈論《明儒學案》的道統論話語建構〉，《學海》，2012 年 01 期，頁 155～159；姚文永：〈「共行只是人間路，得失誰知天壤分」——從「一本而萬殊」看《明儒學案》爲何不給李贄立案〉，《雲南民族大學學報（哲學社會科學版）》，2010 年 02 期，頁 93～96；張實龍：〈修德而後可講學——論《明儒學案》的精神〉，《浙江學刊》，2007 年 01 期，頁 86～92；王記錄：〈《明儒學案》緣何不爲李贄立學案？——兼談黃宗羲的學術史觀〉，《河南師範大學學報（哲學社會科學版）》，2003 年 05 期，頁 14～16；祁英：〈學術史專著：《明儒學案》〉，《華夏文化》，2000 年 01 期，頁 60～61，以及吳懷祺：〈《明儒學案》，一部開風氣的學術史著作〉，《史學史研究》，2000 年 01 期，頁 24～30。

〔註21〕以個別學案展開論述的有：姚文永：〈淺談《明儒學案》的文獻選擇——以顏

　　首先，若要以整部書來立論，我們必須釐清著作本身的屬性問題，因爲這攸關《明儒學案》是否能作爲史學材料來加以探討。儘管學者自來皆稱《明儒學案》爲一部學術史名著，陳錦忠卻力排眾議，指出《明儒學案》並非史書，而應稱爲「理學之書」。〔註22〕他辯析說：

> 關於梨洲此書的性質，自《四庫提要》列入史部傳記類以後，從來學者都以史書目之。近代學者梁任公先生更以此書能將各學派全數網羅，也能將各家學說的特點提契出來，又能忠實傳寫各家眞相，並將各人的時代與一生經歷大概敍述以呈顯其全人格……從梁任公先生所言乃至近代史書或學術史、思想史作的標準而言，視梨洲此書爲史書或學術史作品固無不可；可是，若從梨洲撰此書的用意與其對中國傳統史書體例的認識而論，向來所定之性質或也有必要稍作檢討。據上引此書「凡例」觀之，其於周（汝登）、孫（奇逢）二氏的兩部宗傳乃稱以「理學之書」，不以「傳」名；而於其所作，不僅未以「傳」名，且反復再三申明其乃爲有心理學者而作。……是故，梨洲此書乃在述明儒之「學」而非述明儒之「史」實也至爲明顯。〔註23〕

他又說黃宗羲深諳史之體有三：編年，列傳和紀事，而其書名爲「學案」，便自非爲傳統史書之作。〔註24〕陳錦忠還辯論道：「傳統史書之作，所講究乃在剪裁、鎔鑄之工夫，於所錄之文必鎔入史文之中；可是梨洲此書所錄諸儒論學文字，雖有剪裁卻不但未加鎔鑄，反而使之獨立附在各傳之後……，則其非作史、作傳自是更明。至於其顏此書曰『案』，而不稱『史』亦不以『傳』

均、何心隱、陳九川爲例〉，《運城學院學報》，2014 年 01 期，頁 9～12；趙文會：〈《明儒學案・師說羅汝芳傳》人物考辨〉，《寧波大學學報（人文科學版）》，2013 年 05 期，頁 89～92；朱光磊：〈《明儒學案・師說》「鄧先生」考述〉，《人文雜誌》，2013 年 05 期，頁 21～26；姚文永：〈析薛瑄的復性說——兼論黃宗羲在《明儒學案》中對薛瑄的評價〉，《中國石油大學學報（社會科學版）》，2013 年 04 期，頁 62～65；陳復、葉震：〈評黃宗羲對錢德洪思想的認識〉，《陽明學刊》，2011 年第五輯，頁 221～243，以及黃敦兵：〈試論黃宗羲對王畿的哲學史重構〉，《湖北經濟學院學報》，2009 年 06 期，頁 111～118。
〔註22〕陳錦忠：〈黃宗羲《明儒學案》著成因緣與其體例性質略探〉，《東海學報》，1984 年 25 期，頁 129。
〔註23〕陳錦忠：〈黃宗羲《明儒學案》著成因緣與其體例性質略探〉，頁 137。
〔註24〕陳錦忠：〈黃宗羲《明儒學案》著成因緣與其體例性質略探〉，頁 137。

名，當亦可反映梨洲固無視之為史書的用心了。」〔註25〕陳氏諸說法自然有其道理，但我們也沒有理由將中國傳統史學體例局限於編年，列傳和紀事三體之中。《史記》之前亦未有紀傳體之撰述，但不害於司馬遷（約前145～前87）撰史之事實。要之，《明儒學案》自可為傳統史書體例之外的另一種體例而不失其史書的性質。〔註26〕陳氏所謂的「理學之書」的內涵、定義究竟為何，也非不辯而明，而還需更多商榷。此外，黃宗羲將案主的語錄附在各傳之後，這並不代表其敘傳或史文內容與之毫無關係。事實上，宗羲所引錄的史料多有助於證成其敘傳中對傳主的論斷。最後，以書名來確定書的性質的做法似乎該予以更多討論。史籍是否一定要以「史」或「傳」為名？陳祖武在《中國學案史》中這麼說道：「作為一種獨立的史籍編纂體裁，學案體史籍以專記學派流衍為特色。始而述一家一派源流，繼而匯合諸多學術流派為一編，遂由一家一派之學術史，而演為一代乃至數百年眾多學派的學術史。」〔註27〕簡言之，史無定法，學案體裁只是史家敘述歷史時因應其撰作的實際需要而運用的一種史法，若罔顧書中實際所記載的史文內容，而糾結在書名上來揣測作者之作意，難免不得其實。

　　關於《明儒學案》的性質，朱鴻林在另一方面也根據傳統目錄學中「經、史、子、集」的分類法，提出《明儒學案》為「子書」的說法。〔註28〕他主

〔註25〕陳錦忠：〈黃宗羲《明儒學案》著成因緣與其體例性質略探〉，頁137～138。
〔註26〕錢穆先生認為《明儒學案》是「中國史學名著」之一，曾有專門討論，見所著：《中國史學名著》，頁285～295。書中討論明代史學名著，僅列《明儒學案》一書。
〔註27〕見陳祖武：《中國學案史》，頁1。事實上，學案體作為史籍的體例並非始於《明儒學案》，以學案體為史籍的著作，書名也不盡相同。陳祖武說：「在中國史學史上，學案體史籍的興起是宋、元以後的事情。南宋朱子著《伊洛淵源錄》開其端，明、清間周汝登、孫奇逢後先而起，分別以《聖學宗傳》、《理學宗傳》暢其流，至黃宗羲《明儒學案》出而徽幟高懸……。」見陳祖武：《中國學案史》，前言，頁2。
〔註28〕針對黃宗羲著作《明儒學案》的用意以及此書的性質，朱鴻林把「學案」定義作「為學方案」，他主張《明儒學案》是黃宗羲為想要追求儒學的讀者提供一個用得著的為學方案」。他進一步說明「全書的各個個案彙集一起，目的就是給讀者提供選擇，作為各自進學的參考。」故朱鴻林說：「與其說《明儒學案》是一本記敘性的史書，毋寧說它是一本寓意性的子書更好……他的宗旨就是給此書的學者提供為學方案，讓讀者按照自己的性向去作選擇。他這裡的長處是不強人認同，不強人跟哪一條路走，他相信在眾多個案的情形之下，有意的學者會有判斷力去選取自己喜歡的那一家來學習。」見朱鴻林：《朱鴻林讀黃宗羲：〈明儒學案〉講稿》，頁25～26。就《明儒學案》提供的「為

張「與其認爲黃宗羲在原意上以《明儒學案》爲一本史書，毋寧認爲他在原意上是將此書作爲一本子書」，因爲「這個論點在相當程度上能使我們解除從史學角度來讀《明儒學案》時所遇到的困難」，像是書中黃宗羲對個別儒者的看法是相當主觀的，他認爲「如果作爲一本子書，這可能無所謂，但作爲一本史書的話，史家要求的客觀和持平態度是有所缺乏的」。〔註29〕但司馬遷在《史記》中未嘗沒有對傳主給予主觀的評價，而其書古今都公認爲史書。有趣的是，針對黃宗羲爲何會在各學案中提出個人主觀的意見，錢穆先生則別有一番體會，他認爲《明儒學案》固然是一部史書，而裡面不斷有論斷、有批評，不斷有梨洲自己意見穿插，〔註30〕原因是：

> 梨洲説：「古人因病立方，原無成局」，講學著書，也就等於一個醫生開方治病，要看什麼病，才開什麼方，哪有一定的方案。所謂「學案」，亦就是在當時學術中各個方案，都因病而開。梨洲又説：「通其變，使人不倦，故教法日新，理雖一而不得不殊，人手雖殊而要歸未嘗不一」，這是説，時代變，思想學術也該隨而變。所以要變，乃爲來救時病。反其本，則只是一個眞理。〔註31〕

依錢先生此説，黃宗羲只是在編撰史書時寓論於史，希望學者順應時代需求，通變日新，導正自身在治學上的弊端。其實，無論《明儒學案》是「子書」或「史書」，黃宗羲在這部卷帙浩繁的著作中收錄了許多歷史文獻，也記載了

學方案」看來，我們固然可説《明儒學案》讓讀者保留選擇權，依個人判斷從眾多的「學案」中選擇學習進路，但須知讀者是仰賴黃宗羲在「學案」裡所做的評論及所提供的材料來作選擇的。易言之，宗羲在各個學案裡對案主作出的評價及其所選置哪些材料最終會影響讀者的選擇。職是之故，這裡始終有黃宗羲如何甄選史料的問題。朱鴻林先生在另一篇文章裡提出了他對於「學案體」的定義與分類的看法。他認爲《明儒學案》不應作爲史書看待。參見 Hung-lam Chu, "Confucian 'Case Learning': The Genre of *Xue'an Writings*," in Charlotte Furth, Judith T. Zeitlin, and Ping-chen Hsiung, eds., *"Thinking with Cases: Specialist Knowledge in Chinese Cultural History,"* (Honolulu: University of Hawaii Press, 2007), pp. 244~248.

〔註29〕朱鴻林在談及《明儒學案》的用途時，指出在黃宗羲的意圖裡面，這本書還是一本子書。他認爲「《明儒學案》如果作爲一本史書，那它在材料的剪裁和熔鑄方面都不算理想，傳記後面所附的文字，尤其常有問題」。見朱鴻林：《朱鴻林讀黃宗羲：〈明儒學案〉講稿》，頁 28～31、39、69。

〔註30〕錢穆先生更不諱言黃宗羲的意見實際上就是根據陽明學派的意見爲意見。換言之，《明儒學案》裡的説法代表了陽明學派的主張。錢穆：《中國史學名著》，頁 291。

〔註31〕錢穆：《中國史學名著》，頁 292。

案主們的學術背景及其歷史環境，這是不爭的事實。至於他如何甄選和利用
他的史料，如何撰寫一篇傳記、如何組成一卷學案、如何組織個別學案以貫
通成為一部體大思精的著作，這無疑是一個關乎撰史的史學問題。因是之故，
以《明儒學案》為根據來談論黃宗羲的史學，還可以算是持之有故的。

　　承上所言，學者自然也針對《明儒學案》舉出編纂歷史的議題。〔註 32〕
學者姚文永試圖剖析《明儒學案》編纂上的考量。他稱黃宗羲在《明儒學案》
的編著過程中，對入案標準、文獻選擇、案主評價等都有一定的設計與要求。
其中，在入案標準上，學有自得與宗旨是大原則，辟佛是必備的規範，而師
承是重要的參考；對文獻選擇而言，能反映學者「一生之精神」的文獻是最
基礎也是最重要的文獻；對案主評價而言，是以心學或向心學靠攏為基本原
則。他認為通過黃宗羲對學案體編著原則、規範的設定，《明儒學案》既能突
出有明一代的學術成就，又能整齊劃一，但其不足亦甚為明顯，最大的不足
就是不能全面反映明代儒學的發展與演進。針對此，姚氏似乎罔顧《明儒學
案》裡有〈諸儒學案〉這一事實。〈諸儒學案〉長達 15 卷，占全書近四分之
一篇幅，共收 42 位儒者，占全書五分之一的數目。姚氏辯稱道：「黃宗羲以
心學或向心學靠攏為原則，許多學者被排除其外便容易理解。如明代著名學
者陳建非但沒有向心學靠攏，而是批判心學，其不被入案也就可以理解了。」
〔註 33〕事實上，《明儒學案》裡也收錄了不少以批判王陽明良知說為志的人
物，如張岳（1492～1552）便是很好的例子。〔註 34〕值得注意的是，姚氏在
自己稍早的一篇文章中說「重『工夫』輕『本體』」是黃宗羲編著《明儒學案》
所貫穿的一條重要原則。文中指出在探討明代滅亡的原因時，許多人認為明
亡與心學的空疏有關，更有甚者，直接把明亡的原因歸因於心學，這是心學
重要繼承者黃宗羲所不認可的。他認為黃宗羲樹立重「工夫」輕「本體」的

〔註32〕姚文永：〈淺談《明儒學案》在編輯學上的特色〉，《編輯之友》，2010 年 06
　　　　期，頁 100～101。姚文永、王明雲：〈《明儒學案》補編編著芻議〉，《佳木斯
　　　　大學社會科學學報》，2012 年 06 期，頁 74～75。李文輝：〈從《伊洛淵源錄》
　　　　到《明儒學案》──學案體之體例演進研究〉，《中山大學研究生學刊（社會
　　　　科學版）》，2009 年 01 期，頁 1～20。此論文比較二書的結構、材料處理、編
　　　　輯體例和學派傳承，以窺看歷史上學案體在編輯體例上之演進狀態。
〔註33〕姚文永：〈淺析黃宗羲對學案體的設計──兼釋《明儒學案》未列諸儒之原
　　　　因〉，《圖書館研究與工作》，2014 年 01 期，頁 49～52。
〔註34〕見周天慶：《明代閩南四書學研究：以宗朱學派為中心》（北京：東方出版社，
　　　　2010 年），頁 241～295。

心學發展脈絡既是對那些心學亡明論鼓倡者的糾正和鞭辟，也浸透了黃宗羲捍衛心學門戶的心理歷程。〔註35〕但姚氏在另一項研究中又說明「自得」和「宗旨」才是《明儒學案》的一個重要編撰方法與原則。〔註36〕該文嘗試論證「自得」和「宗旨」不但是黃宗羲編撰《明儒學案》的一個重要方法，也是指導和規範心學發展的重要原則。姚氏認為黃宗羲「學貴自得」的所謂「自得」是一種強調主體意識的治學精神，是《明儒學案》選案的重要參考；「宗旨」不但是對「自得」的肯定和提升，而且體現了黃宗羲的學術脈略和治學精神。姚氏主張「自得」和「宗旨」既是我們後人研究黃宗羲和《明儒學案》所必不可少的途徑之一，又為我們以後編撰學術史提供了很好的參考依據。〔註37〕如此一來，姚氏究竟是主張「重『工夫』輕『本體』」，抑或是「『自得』和『宗旨』為《明儒學案》重要的編撰原則，還是兩者皆是，兩者皆重要？〔註38〕學者若僅就其所見的零星語料來立論，便易產生見仁見智的情況。學者在把握到不同的線索時，說明《明儒學案》所反映的編撰原則，各是其是，各非其非。但嚴格來說，他們的做法實際上只是湊合《明儒學案》的隻言片語，從而理出黃宗羲思想中的某些環節，以偏概全，因此未能真正掌握全書的編纂根本原則。

儘管學者在釐清《明儒學案》的編纂原則時，出現了模棱兩可、紊亂的情況，但可以看出他們嘗試從黃宗羲的思想層面（說「工夫」和「本體」等）出發，去發掘他在甄選與分佈史料時所遵循的大方向。但如前所示，學者一般上多按照自己的專業領域，立足於某個視角，或以黃宗羲思想中不同面向為研究命題，又或以其史學造詣為考察重點，兩者分而治之。可是，當學者論及《明儒學案》的編纂問題時，便會產生結合黃宗羲之思想及其史學兩方

〔註35〕姚文永、張國平：〈重「工夫」輕「本體」——談黃宗羲編著《明儒學案》所貫穿的一條重要原則〉，《殷都學刊》，2011年第04期，頁139～143。

〔註36〕姚文永在這篇論文提到的「自得」與「宗旨」的編纂原則，內容顯然和他最近〈淺析黃宗羲對學案體的設計——兼釋《明儒學案》未列諸儒之原因〉的文章裡的諸多入案標準有重疊的部分。

〔註37〕姚文永、宋曉伶：〈「自得」和「宗旨」——《明儒學案》一個重要的編撰方法與原則〉，《大連大學學報》，2010年3月，頁7～11。

〔註38〕本書確認姚文永同為兩篇文字的合著者，同時也發現姚氏另有文章以〈《明儒學案》編纂原則與方法初探〉為名，合「自得」、「宗旨」、「工夫」及「本體」四者為《明儒學案》的編纂原則。見姚文永：〈《明儒學案》編纂原則與方法初探〉，《淡江人文社會學刊》，2010年3月，頁47～68。

面來展開論述的情況。必須指出，雖說《明儒學案》是一部思想史著作，但編輯思想史作品並不一定要融入作者本人鮮明的思想。進而言之，若作者並未嘗試透過史料的編纂來表達其本身獨到見解和主張，則讀者也無需深究作者的思想了。像是黃宗羲編《明文海》時，大量地搜羅明代詩文，目的在於求備，因此四庫館臣指出其書「欲使一代典章人物，俱藉以考見大凡。故雖遊戲小說家言，亦爲兼收並采，不免失之氾濫，然其蒐羅極富，所閱明人集幾至二千餘家。」〔註39〕《明文海》實際上是一部「文學史」的史料的彙編，但正因爲黃宗羲在網羅詩文時無所取捨，不論作品的優劣，無關作者門戶，無有具體的立場，《明文海》只能說是具備文學史料的面貌，而無文學歷史發展的實情。如果黃宗羲在選擇明代理學人物入《明儒學案》時，也同樣不加甄選，相信我們在討論其編纂原則時，也就無需觸及其所蘊含的思想了。但是我們知道黃宗羲在編纂《明儒學案》時，目的不在全面網羅相關的人物及其史料，他設定學案都有特別的考量；他撰寫學案都別具匠心。按陳錦忠的說法，黃宗羲爲東林學派另立學案，是基於他與東林學派的特殊關係，有其思想上的考量。〔註40〕當然，《明儒學案》以劉宗周學案作結，也是黃宗羲個人的判斷，而並非在劉宗周之後，明代學術史就無有他人他事了。事實上，在《明儒學案》的〈發凡〉中，黃宗羲開篇即特別聲明自己不滿於周汝登（字海門，1592 年前後去世）的《聖學宗傳》和孫奇逢（字鍾元，1585～1675）的《理學宗傳》兩部內容相類的明代理學史的體裁和寫法，因而自己別有發明。〔註41〕此外，在康熙三十二年（1693）的自序中，他又直言：「盈天地間皆心也，人與天地萬物爲一體，故窮天地萬物之理，即在吾心之中。後之學者，錯會前賢之意，以爲此理懸空於天地萬物之間，吾從而窮之，不幾於義外乎？此處一差，則萬殊不能歸一。夫苟工夫著到，不離此心，則萬殊總爲一致。學術之不同，正以見道體之無盡也……有明事功文章，未必能越前代，至於講學，余妄謂過之。諸先生學不一途，師門宗旨，或析之爲數家，終身學術，每久之而一變。二氏之學，程、朱辟之，未必廓如，而明儒身入其中，軒豁呈露。用家倒倉之法，二氏之葛藤，無乃爲焦芽乎？諸先生不肯以矇瞳

〔註39〕見《明文海》提要，收入《景印文淵閣四庫全書》，1453：2。
〔註40〕陳錦忠：〈黃宗羲《明儒學案》著成因緣與其體例性質略探〉，《東海學報》，頁 121～129。
〔註41〕〔清〕黃宗羲：《明儒學案》（北京：中華書局，2008 年 1 月第 2 版，2010 年 8 月北京第 4 次印刷），〈明儒學案發凡〉，1：14。

精神冒人糟粕，雖淺深詳略之不同，要不可謂無見於道者也。余於是分其宗旨，別其源流，與同門姜定庵、董無休操其大要，以著於篇，聽學者從而自擇。」〔註42〕顯然，要瞭解《明儒學案》一書的性質，我們不能不注意黃宗羲匠心獨運之處，這包括他編撰個別學案和規劃全書的用心以及這番用心背後衡詮理學的立場。

綜上所述，《明儒學案》基本上是黃宗羲作為思想家和歷史學家揉合一體的傑作，既囊括明代的理學精彩，亦勾勒其發展的脈絡，脈絡從史料及人物的甄選開始，精彩則盡顯編纂者本人的理學立場和見識。美國明史專家司徒琳（Lynn A. Struve）在檢視前人對黃宗羲的評價時指出，儘管論者或過於褒獎其成就，但《明儒學案》畢竟有兩大貢獻不可抹殺。其一在於黃宗羲將理學家以「講學」方式表達的思想和撰史方法熔鑄於一爐，這反映出他在論述思想時不作空論，而是立足在嚴實的史料之上。其二是黃宗羲在編撰中呈現了主觀與客觀之間的微妙張力，使讀者在理解他個人的評論的同時，享有開放的思維空間。〔註43〕另外，已故西方明代思想史專家秦家懿（Julia Ching）也曾反復強調黃宗羲是以思想家和史學家的雙重身份來編撰《明儒學案》的。她指出黃宗羲像孔子著《春秋》一樣，臧否理學人物，於眾家學術之紛紜中裁奪孰優孰劣。秦家懿指出，不管是選擇以學案體例來寫這部學術思想史，還是在材料的選擇上，都可以看出黃宗羲編纂《明儒學案》的特別用意。對於書中引錄史料時的諸多錯誤，秦氏也提出了疑問。〔註44〕然而，或許因為秦家懿的作意不在詳談以上問題，她並未暢述其高見。

秦家懿認為讀者即使不一定能欣賞或同意黃宗羲的評騭，但仍能從他在編撰史文時所展現的淵博知識與激情汲取滋養。〔註45〕陳榮捷則指出《明儒學案》節錄明儒哲學著作，並評述他們的言行，是有明一代學術思想之淵藪。其精確處，中國學術無以上之。〔註46〕朱鴻林在討論《明儒學案》之用途時，

〔註42〕〔清〕黃宗羲：《明儒學案》，〈明儒學案序〉，1：7～8。

〔註43〕Struve, Lynn A. (司徒琳), "Huang Zongxi in Context: A Reappraisal of His Major Writings," *The Journal of Asian Studies*, Vol. 47, No. 3 (Aug., 1988), p. 484.

〔註44〕見 Julia Ching ed., with collaboration of Chaoying Fang, *The Records of Ming Scholars: A Selected Translation* (Honolulu: University of Hawaii Press, 1987), pp. 8, 33~34.

〔註45〕見 Julia Ching ed., with collaboration of Chaoying Fang, *The Records of Ming Scholars: A Selected Translation*, p. 34.

〔註46〕陳榮捷：《王陽明與禪》（臺北市：臺灣學生，1984 年），頁 181。

指明此書所見的明代思想，輪廓具備，可作索引之用。〔註 47〕朱義祿則肯定
《明儒學案》的體裁爲後人不斷仿效的史學學案體。他認爲「由一個個學案
組成的學案群、精湛獨到的評案與學者原著精粹的選編，是組成學案體的三
個要素。這三個要素是互相關聯的，他們之間的有機結合，決定了學案體有
兩方面的功能，即既有學術思想資料彙集的功能，又有探索學術思想史的發
展規律的功能。」〔註 48〕朱氏認爲黃宗羲發揮了「源於孟子，中經王陽明的
自得精神」，以「一本萬殊」的方法論（指導原則）撰寫《明儒學案》。他說：
「『宗旨歷然』，是把握學者（學派）思想的核心，強調客觀性的把握，把握
學脈，是指把握一個時代學術思想發展的規律，強調的是科學性。這兩個把
握的相互配合，使《明儒學案》不僅成爲有明一代思想史的實錄，而且較好
的反映了明代思想史的發展規律，從而使它成爲中國古代第一部嚴格意義上
的學術思想史。」〔註 49〕《明儒學案》的問世是學案體形成的標誌。〔註 50〕
但不管是以「一本萬殊」，還是「工夫本體」作爲編纂原則，都似乎不能爲《明
儒學案》編選和處理材料上出現的矛盾情況做圓滿的解釋。學者們如此推重，
論者也以《明儒學案》甄綜人物，陶鑄學術之正，在評論明儒或探討明代學
術時加以稱引，這不無道理。一些論者更不假思索地以《明儒學案》中之評
述爲顛撲不破的論證，引而申之，以之爲立論的鐵證和有力注腳。〔註 51〕本
書認爲在給予《明儒學案》應有的讚譽的同時，不能對其文本中在甄錄史料
上和人物敘傳內容中所出現的疑點視而不見。這些疑點正是我們窺察黃宗羲
在編纂《明儒學案》時所懷抱的根本考量因素的孔隙。

　　錢穆先生早年曾經這麼介紹《明儒學案》容各家於一處的特點：「各家講
學，各有一番宗旨，也就是有其某種一偏之見。或許他的這番一偏之見，正
和別人的處於相反之地位。如我們說楊朱爲我和墨子兼愛，各是一偏，又是
相反。但學問成家，此等處總不能免。即是明儒講學，他們雖只在理學的傳
統中，只要他們成了一個『家』，依然免不了各占一偏，或各自相反。而黃梨

〔註 47〕 朱鴻林：《朱鴻林讀黃宗羲：〈明儒學案〉講稿》，頁 28～31。
〔註 48〕 朱義祿：《黃宗羲與中國文化》（貴陽：貴州出版社，2001 年），頁 256～257。
〔註 49〕 朱義祿：《黃宗羲與中國文化》，頁 257。
〔註 50〕 朱義祿：《黃宗羲與中國文化》，頁 261。朱熹已著有以學案體裁的《名臣言行
　　　　錄》。
〔註 51〕 詳見呂妙芬：《陽明學士人社群：歷史、思想與實踐》（臺北市：中央研究院
　　　　近代史研究所，2003 年），頁 5～15。

洲能在他們全部的著作裡，各爲他們找出各自的精義，不論是一偏的，或是相反的，他都把來寫進他的《學案》裡去，這是《明儒學案》最了不起的地方。」〔註 52〕但及至晚年，錢穆卻指出《明儒學案》不能作爲治明代儒學的最終憑藉，只能當參考書，不可奉爲楷模。他論黃梨洲治學之可議處時，曾引述全祖望（1705～1755）評論：「先生之不免余議者有二：其一則黨人之習氣未盡，蓋少年即入社會，門戶之見深入而不可猝去。其一則文人之氣未盡，以正誼、明道之餘技，猶留連於枝葉。」錢先生自己則總結說：「（梨洲）尚有一種講學家習氣，尊傳統，爭門戶，正與謝山所舉黨人之習、文人之習二者，同爲不脫明末學人之面目。故梨洲當日與並世學人爭學術異同，頗有過甚之處。」〔註 53〕黃宗羲的門戶之見是否左右了他撰寫明代學者的敘傳和甄選文獻材料？錢穆先生曾這麼說道：「余少年讀黃梨洲《明儒學案》，愛其網羅詳備，條理明晰，認爲有明一代之學術史，無過此矣。中年以後，頗亦涉獵各家原集，乃時撼黃氏取捨之未當，並於每一家之學術淵源，及其獨特精神之所在，指點未臻確切。乃復時參以門戶之見，意氣之爭。劉蕺山乃梨洲親所受業，亦不免此病。」〔註 54〕錢先生認爲黃宗羲持論仍陷於程朱、陸王宗派門戶之爭，「故其晚年所爲學案，已僅可爲治明代儒學者之一必要參考書而止。」〔註 55〕錢先生的論斷並非基於一時之籠統印象，其雖未大量著筆墨論析此議題，卻也在〈羅整菴學述〉、〔註 56〕〈讀陽明傳習錄〉、〔註 57〕〈顧涇陽高景逸學述〉〔註 58〕及〈讀劉蕺山集〉〔註 59〕諸篇文字中有所評述。《明儒學案》的編纂目的是否以宣揚王學爲主，學者若常參考此書，便不能不對此有所究心。

要之，《明儒學案》堪稱明代思想史的巨作，學者無不有所資取，仰賴從

〔註 52〕 錢穆：《中國史學名著》，頁 289。

〔註 53〕 錢穆：《中國近三百年學術史（一）》（北京：九州出版社，2011 年），頁 38。

〔註 54〕 錢穆：《中國學術思想史論叢（七）》，收入《錢賓四先生全集》（臺北：聯經出版事業公司，1994 年），第 21 冊，頁 351。關於錢穆對於《明儒學案》的評價的具體轉變，可參見張笑龍：〈錢穆對《明儒學案》評價之轉變〉，《廣東社會科學》，2013 年 03 期，頁 138～144。

〔註 55〕 錢穆：《中國學術思想史論叢（七）》，頁 364～365。

〔註 56〕 錢穆：《中國學術思想史論叢（七）》，頁 61～90。

〔註 57〕 錢穆：《中國學術思想史論叢（七）》，頁 113～124。

〔註 58〕 錢穆：《中國學術思想史論叢（七）》，頁 319～349。

〔註 59〕 錢穆：《中國學術思想史論叢（七）》，頁 351～365。

中得到可靠的學術思想史的記述。試問學者根據「不實」的史料來加以詮釋立論，其所得出的結論還能立於不敗之地嗎？後來學者再引而發之，豈不爲前者之錯誤所泥？當然，即使發現部分史料因種種原因而並未如實收錄，仍是瑕不掩瑜，不能抵消《明儒學案》保存了許多明人集子等史料的功勞。〔註60〕事實上，即使《明儒學案》具有黃宗羲對門戶的特殊關懷，此書仍不啻爲黃宗羲視角下明代至清初的學術史，故亦是極其可貴的參考資料。總而言之，本書要釐清的主要問題是：黃宗羲篩選、安排、剪裁及改動史料的具體情況如何反映了他的門戶立場？黃宗羲的門戶觀念的實際內涵是什麼？他是否在顯晦之間因其門戶習氣扭曲了史實？

第二節　研究取向與全書結構

　　觀照《明儒學案》的編纂和選材，這是史學上的問題。研究黃宗羲的門戶觀，這是思想上的問題。本書的研究取向設立在剖析黃宗羲如何處理史料，再梳理並整合出其於《明儒學案》的編纂中所蘊含的門戶考量，這是一項結合分析黃宗羲的史學與思想的研究。全書共分爲四個部分。第一章爲緒論，對目前研究黃宗羲的概況做了總結和分析，揭示學界對《明儒學案》的觀點和研究情況。本書立足於文本，分別在第二章和第三章以《明儒學案》的個案爲考查進路（〈司成蔡虛齋先生清〉和〈文恭陳白沙先生獻章〉爲本文的兩個研究案例），再以個案中的發現爲討論的主軸，標舉其他相關的學案爲輔，以深入剖析《明儒學案》的編纂特點如何體現黃宗羲的門戶立場與見地。

　　有明一代理學，從初期到中葉，程朱學派主宰思想天下，及至王陽明孤軍崛起，力倡致良知之教，流風所披，幾與程朱分庭抗禮，陵遲至於鼎革，其勢未改。陸王連言，其實是後起的論述。爲了比較全面觀照黃宗羲如何撰述和評騭明代理學，本書兼顧《明儒學案》如何呈現程朱與陸王雙方的發展脈絡。限於篇幅，程朱、陸王兩派只能各選一個學案以概其餘。程朱一方以蔡清（1453～1508）爲代表，而陸王一方則以陳獻章（1428～1500）爲代表。須知蔡清、陳獻章與王陽明三人同時，虛齋執朱學牛耳而敬仰白沙，白沙則思想上原與陽明無涉。因此，如能明晰黃宗羲如何撰述蔡、陳兩學案以暗寓

〔註60〕錢穆：《中國史學名著》，頁233。

其門戶立場，實在別具意義。

第二章爲整篇論文論述之肇端，由〈司成蔡虛齋先生清〉（以下簡稱爲〈蔡清學案〉）裡黃宗羲對蔡清的褒貶說起。蔡清批評陸九淵（1139～1193），便在敘傳中遭到黃宗羲的貶抑，說他非眞知白沙，宛若白沙和象山之學問相通。爲查明蔡清議論象山的確切內容，本書進而對相關的史料做了校勘工作。〔註61〕無可否認，《明儒學案》保存了大量研究明代思想史的翔實資料，但所甄錄的史料始終是經過黃宗羲的搜剔剪裁，若不加以深究就全盤接收，輕則有人云亦云之嫌，重則致使研究判斷失實。從本書校勘文本的過程中可見，黃宗羲在處置材料時基於其門戶關懷而對史料有所揀擇與刪節。根據〈蔡清學案〉裡的發現和其他相關學案裡的選材情況而論，可總結出黃宗羲在編纂《明儒學案》時力排嗣響朱學以傳經爲業和徒求雞肋功名之流，故不收錄理學家爲《四書》傳經注疏的文字。他痛砭倚門傍戶者只知隨聲附和，尤其是不事澄明本性之工夫。再者，因黃宗羲宗尙王學，盼望建立王學門戶的正統地位，對百般阻撓的宗朱傳經一派深惡痛絕，故《學案》裡多選錄批評陸、王的史料並予以駁正。另外，〈蔡清學案〉的敘傳也指向陽明學有其儒門嫡傳譜系的「事實」。在朱學後裔自恃其門戶居主流的地位之餘，黃宗羲肯定了白沙之學上承象山下啓陽明，使陽明「心學」有了自己的發展系統，而絕非突起的異端之流。關於這一點，本書第三章裡有更爲詳盡的剖析及論述。

第三章以〈文恭陳白沙先生獻章〉的學案（以下簡稱爲〈白沙學案〉）裡

〔註61〕 《明儒學案》不僅選擇材料，它還有刪削、截取原文等情況。本書從朱鴻林先生對《明儒學案》的校勘成果中大獲裨益。見朱鴻林：《明儒學案點校釋誤》（臺北：中央研究院歷史語言研究所，1991 年），頁 1～4。朱鴻林指出《明儒學案》的現行文本錯誤百出，而產生錯誤的主要因素是「作者及後人抄錄文章時，並不是眞實的抄錄，而是刪改、截取，甚至改動」。他認爲出現以上情況「有時是想文從字順、言簡意賅，有時是抄錯，甚至主觀地作出篩選」。他發現從〈白沙學案〉抄出來的文字和陳白沙的原文相比就有誤讀，而中華書局點校本中亦找到出自孔暉之言的「性中無分別想何佛何老」，著實難以解讀。而他通過考證其生平和墓誌銘，發現正確的句子應爲「性中無分別相，心何佛何老」。類似的錯誤，於中華書局的修訂本，就已找出 1400 處。朱鴻林先生洞見《明儒學案》作爲研究明朝思想史的第一手資料，對其文本的誤讀，在不斷的引述中，問題如雪球般越滾越大。因此，他認爲給學術界一個可靠的文本，供學界參考，意義更大。見「孔院院長朱鴻林埋首研《明儒學案》」，http://news.takungpao.com/hkol/education/2013~01/1386824.html，瀏覽日期：17/04/2014。

陳獻章的學宗問題爲論析的主要脈絡。黃宗羲將陳獻章和王守仁縮合一塊，使兩人成爲宋陸九淵在有明一代的繼承人。爲凸顯三人在治學上的相同，黃宗羲在〈白沙學案〉裡不但以白沙受禪諍爲題，還引錄學宗朱子的羅欽順（整菴，1465～1547）對白沙的批評，刻意切割白沙和朱子學問之間的關係。本書依著〈白沙學案〉裡的發現，援引其他學案的相關內容爲實例，梳理出黃宗羲如何通過對史料的種種編選提出陽明之學亦爲聖門正脈之一，明儒中有陳獻章爲開先鋒者。但由於王學末流之意氣猖獗，使士人將陽明學說視爲唾罵的對象，否定王門爲儒門正統之一。黃宗羲在以「希聖爲志」的江右陽明後學劉邦采（1490～1578）的學案裡就曾透露當時的情況：「陽明亡後，學者承襲口吻，浸失其眞，以揣摩爲妙悟，縱恣爲樂地，情愛爲仁體，因循爲自然，混同爲歸一，先生怵然憂之。」〔註62〕至晚明，「王學已臻於極弊，學者樂趨便易，冒認自然，常稱：『不思不勉，當下即是。』」〔註63〕在學術上，士子皆奉朱說爲聖學之正統，而陽明則成了謗窟。職是之故，《明儒學案》的編纂特以濾除王門中的渣滓爲務，區分僞良知者與陽明之眞學問。他一方面收錄明儒針對陽明心學的流弊作出的言論，但目的在於借機駁正議論，廓清王學的眞面目。另一方面，黃宗羲因王學倡言聖學本之自得，縱使在《明儒學案》裡表現出對王門的擁護，他猶能跳脫門戶的束縛，對學有自得、不因襲朱子舊說的理學家予以重視。但這當中存在著一股張力，因爲他仍然是以王學爲出發點。黃宗羲推重這些學有自得的諸儒，旨在鼓動學者不拘泥於一人之說，嘗試接受王說爲眞儒一脈，使王門得到應有的認同。總而言之，黃宗羲通過《明儒學案》的編纂爲當時的學術界提供另一種可能，一個「門戶並存」的可能，既不排斥程、朱學脈而同時承認陸、陳、王爲儒學眞傳。

　　第四章爲餘論。黃宗羲在世之時，人人謾罵陽明，獨尊朱子傳經之成說，但在他看來，明儒中出現王陽明正是拯救時弊的靈魂人物。然而，黃宗羲對於門戶並立的訴呈未能得到學者們的共識，他不甘飮恨隅坐，窮其一生執志不倦地以不同性質與題材的著作力排眾議。其《明夷待訪錄》也浸透著他的門戶關懷，他痛砭囂張門戶之惡習，力主排斥盲目沿襲朱子舊聞的陋習。至

〔註62〕　〔清〕黃宗羲：《明儒學案》，卷19，〈江右王門學案四·同知劉師泉先生邦采〉，
　　　　　1：437。
〔註63〕　錢穆：《宋明理學概述》，《錢賓四先生全集》，卷九，頁348～352。

其暮年，年屆八十仍作《破邪論》，其中便強調學者間不必讓程朱、陸王之間存在著此長彼消的拉鋸戰。據此而觀，闡明其門户關懷幾乎是黃宗羲著述中的一個主要指導原則，而在寫作上也成了他一貫的作風。黃宗羲雖對王陽明推崇備至，但他不主張狹隘的門户之見。他更多強調黨同伐異的弊端，在不違背聖學主旨的情況下樂見不同師承，百花齊放的局面。但由於政治與學術環境的不利因素，宗朱學者執吝，且又多為蹈襲支離之弊的庸儒之輩，使他始終志不得申。此外，由於他迫切渴望理學家肯定王陽明為儒統之內的一員猛將，故求之過甚，導致他形成強烈的門户取向。姑且不論《明儒學案》是否因此失卻辨章學術，循名責實之功，但後人盡據其說以為實而加以引述，大作議論，此則堪為學術之隱憂。

第二章　蔡清在《明儒學案》中的
知人疑雲

　　明代碩儒中，蔡清似未備受後人青睞。蔡清長於王陽明約二十年，兩人曾同事弘治孝宗帝及正德武宗帝。據黃宗羲《明儒學案》所載，蔡清所釋經書，至明末之時，士子仍「奉之如金科玉律」〔註1〕，但對於蔡清的討論則歷來鮮少見於學者之研究。幸而《明儒學案》撰有〈司成蔡虛齋先生清學案〉（以下簡稱〈蔡清學案〉），備有一說，而今學者論及蔡清之學術思想時，大多依據《明儒學案》之紀錄爲實。〔註2〕黃宗羲在〈蔡清學案〉中對蔡清有精闢的介紹：「先生平生精力，盡用之《易》、《四書蒙引》，蚖絲牛毛，不足喻其細也。蓋從訓詁而窺見大體。其言曰：『反復體驗，止是虛而已。蓋居常一念及靜字，猶覺有待於掃去煩囂之意。唯念個虛字，則自覺安便，目前縱有許多勞擾，而裡面條路元自分明，無用多費力，而亦自不至懈惰也。』觀於此言，知不爲訓詁支離所域矣。」〔註3〕黃宗羲要言不煩，指出蔡清兩部《蒙引》析理至細至微。蔡清本人就常言「義理之微，須至繭絲牛毛

〔註1〕〔清〕黃宗羲：《明儒學案》，卷46，〈諸儒學案上四·司成蔡虛齋先生清〉，2：1094。

〔註2〕學者在介紹蔡清的學術特點時多引用《明儒學案》中的相關文字和說法。見周天慶：〈靜虛工夫與明中後期的儒、道交涉——以朱熹後學蔡清爲例〉，《東南學術》2008年第6期，頁93、95。黎馨平：〈《易經蒙引》對《周易本義》的注疏價值〉，《周易研究》，2009年第4期，頁17、18。宋野草、詹石窗：〈蔡清易學思想考論〉，《東南學術》2011年第3期，頁150、151。

〔註3〕〔清〕黃宗羲：《明儒學案》，卷46，〈諸儒學案上四·司成蔡虛齋先生清〉，2：1094。

處」〔註4〕，而見其訓釋經傳縝密如絲，周匝不苟，實有闡精發蘊之功。然蔡清如此深體密察，剖析靡遺，最可取的是卻能不流於支離沉晦，猶能「從訓詁而窺見大體」。黃梨洲又肯定他能脫朱熹（1130～1200）《易本義》舊說之窠臼，說：「其《易》說不與《本義》同者，如卜筮不專在龜筮，取卜相筮占決疑為徵。又辯七占古法，皆佳論也。」〔註5〕但他也質疑蔡清的知人功夫。總之，黃宗羲對蔡清之看法似乎已成蓋棺之論，然而〈蔡清學案〉的具體情況，學者向未留意，本章擬從撰史的角度，針對黃宗羲如何剪裁史料以呈現蔡清其人及其思想，略作疏辨，藉此窺探宗羲思想上的門戶立場。

　　本章第一節將針對黃宗羲在〈蔡清學案〉敘傳中予以蔡虛齋的評價展開討論，進而比勘《明儒學案》的節文和蔡清的原文，以探討黃宗羲評價的根據。第二節就上文所作的比勘結果，疏解蔡清原文的本末以說明黃宗羲的評價有失偏頗。第三節主要釐清並確立蔡清對陳獻章敬慕與他對陸象山的評價並無關涉。第四節進一步略論蔡清和陳獻章治學上的互通處，以說明蔡清委心嚮往陳獻章之所由。第五節則綜合上文所論，分析黃宗羲在〈蔡清學案〉中如何選擇和剪裁史料，從而瞭解黃宗羲的門戶觀念如何左右《明儒學案》鋪排及裁剪材料的情況。

第一節　〈蔡清學案〉中評述的疑議

　　黃宗羲對於蔡清的論述見於《明儒學案》卷四十六〈諸儒學案上四〉，分為三個部分：一、敘傳，二、語要（共十八條），三、省身法（共二十六條）。〔註6〕敘傳部分總結了儒者的學說特點，這是《明儒學案》極具學術價值之處。〔註7〕蔡清為程、朱學術之後勁，在明中葉以後尤其出類拔萃。正如黃宗羲在

〔註4〕〔明〕蔡清：《四書蒙引》，卷10，見《景印欽定文淵閣四庫全書》（臺北：臺灣商務，1983年），206：467。

〔註5〕〔清〕黃宗羲：《明儒學案》，卷46，〈諸儒學案上四・司成蔡虛齋先生清〉，2：1094。

〔註6〕此為《明儒學案》載錄諸儒的基本體例。清代貫潤為《明儒學案》作序時有言：「其於諸儒也，先為敘傳，以紀其行，後采語錄，以列其言。其他崛起而無師承者，亦皆廣為網羅，靡所遺失。論不主於一家，要使人人盡見其生平而後已。」見〔清〕黃宗羲：《明儒學案》，1：9。

〔註7〕朱鴻林謂「單個儒者的學案絕大多數有兩個部分組成……第一部分是這個儒者的傳記，這傳記是黃宗羲自己寫的，一般首先介紹傳主的生平，有詳有略，然後是黃宗羲對傳主的學術的評論。傳記在《明儒學案》中價值比較高，評

〈蔡清學案〉中引羅整菴曰：「蔡介夫……一生做窮理工夫，且能力行所學，蓋儒林中之傑出者。」〔註8〕宗義又指出，傳蔡清之學者，有同邑陳琛，同安林希元，〔註9〕而二人亦以程、朱學術為宗。在〈蔡清學案〉敘傳裡，宗義除扼要交代蔡清的生平，也作了這樣的判斷：

> 先生極重白沙而以新學小生自處，讀其〈終養疏〉，謂：鈔讀之餘，揭蓬一視，惟北有門，其光爛然，可仰而不可近也。其敬信可謂至矣。而論象山，則猶謂「未免偏安之業」，恐亦未能真知白沙也。

〔註10〕

這一段文字提供了兩個主要訊息：第一、黃氏認為蔡清極重陳獻章；第二，黃氏評斷說，既然蔡清論陸象山事「偏安之業」，因此恐怕也未能真知陳白沙。第一條文字明白曉暢，可知蔡清敬慕陳白沙，但第二條文字則惹人懷疑。黃宗義為什麼從蔡清對陸象山（1139～1192）的評語，推知他大概並未真知陳白沙？黃氏將陸象山和陳白沙相提並論，可見他認為兩者之間的學問工夫有著密切的關係。但更重要的是，黃宗義指出，蔡清敬重陳白沙，卻對陸氏之學似有微詞，因此便不能說是真知白沙了。易言之，蔡清景仰白沙，就不該批評象山只具「偏安之業」。黃氏對蔡清上述的評論是否能成立，實有待深入的剖析。蔡清為什麼會得出陸象山守偏安之業的結論？而所謂「偏安之業」具體又何所指？他對陸氏的觀點和他欣賞陳白沙的事實，是否就如黃宗義所異議一樣不能相容？這攸關蔡清治學之得失，不容小覷。本書將深究黃宗義如何處理蔡清的學案，進而評析他對虛齋的判斷。

誠如黃宗義所指出，蔡清曾論說陸象山治學「未免偏安」，而《明儒學案》中也載記關了蔡清的這番論述，見於〈蔡清學案〉中的「語要」部分：

> 宋理學大明，至朱子與陸子，俱祖孔、孟，而其門戶乃不盡同。先生之學，則出自慈湖，而宗陸氏者也。其議論有曰：「毫分縷析較便

論傳主學術的文字更是精彩所在。第二部分是傳主的文字選錄。每一個完整的儒者學案，結構上都是這樣。」見朱鴻林：《朱鴻林讀黃宗義：〈明儒學案〉講稿》，頁19。

〔註8〕〔清〕黃宗義：《明儒學案》，卷46，〈諸儒學案上四・司成蔡虛齋先生清〉，2：1094。

〔註9〕〔清〕黃宗義：《明儒學案》，卷46，〈諸儒學案上四・司成蔡虛齋先生清〉，2：1094。

〔註10〕〔清〕黃宗義：《明儒學案》，卷46，〈諸儒學案上四・司成蔡虛齋先生清〉，2：1094。

宜，若個便宜總不知。總是自家家裡事，十分明白十分疑。」此先生之學也，正所謂德性工夫居多者也。其論詩曰：「詩成正是不因題，看取風人發興時。語到口頭無可奈，未須搜擾苦吟詩。」則先生之詩，可知其高矣。其論文曰：「不為世態酣濡，不受古人繩束，卷舒出沒如朝霏暮雲，始筆下有自然風味。」則先生之文，可知其高矣。蓋其在萬山中玩心，高明有日，是以其言論概以《六經》為吾心注腳，每有引而不發之意，軒然霄漢之上，俯視萬有，無一足嬰其懷者，此可見陸學未盡符於大中至正之矩。使當日得究其用，恐於開物成務之實，終必有疏處。苟其疏也，則其所自受用，亦恐其不覺而近於佛、老。噫！千聖相傳家法，類皆自博至約，而一敬以成其終始。陸學固不可謂不主敬者，而稍墜於徑約。既失之徑約，則其心宜不周於細微，而其弊容可過乎？自古高明之士，往往有此。在孔門，則曾點之徒是已。集中屢屢以夫子「欲無言」為說，因數貢之多言，愚以為安知非發於子貢〔註11〕「多學而識之」之後，學將有得之日乎？故嘗謂自其次致曲以下，無仰鑽瞻忽之勞，則卓爾之見或非真〔註12〕；無隨事精察力行之功，則一貫之命，必不泛及。夫道也者，平平正正，使高明者不得以獨騖，其下者可以企及，然後為中庸，而可以主張乎皇極，詎容一毫有我於其間哉？此正統所以獨歸朱子，而陸氏所就，猶未免為偏安之業也。〈讀蜀阜存稿私記〉。〔註13〕

根據這段文字，蔡清認為朱、陸俱祖孔、孟，但門戶不盡相同。而下文所提及的「先生」，其確實身份則無從由引文得知，但無疑是學宗陸氏者。蔡清由闡述此「先生」之學，轉而為陸象山的學術作一評價。文中提及的「先生」究竟是何許人也？蔡清為何會針對此「先生」發揮議論，而循此發起朱、陸

〔註11〕《明儒學案》中華書局本在此下句號，作「集中屢屢以夫子『欲無言』為說，因數貢之多言，愚以為安知非發於子貢。『多學而識之』之後，學將有得之日乎？」當去句號。

〔註12〕此處《明儒學案》中華書局本作「故嘗謂自其次致曲以下，無仰鑽瞻忽之勞，則卓爾之見，或非真無，隨事精察力行之功，則一貫之命必不泛及。」標點有誤。見下文。〔清〕黃宗羲：《明儒學案》，卷46，〈諸儒學案上四·司成蔡虛齋先生清〉，2：1097。

〔註13〕〔清〕黃宗羲：《明儒學案》，卷46，〈諸儒學案上四·司成蔡虛齋先生清〉，2：1097。

之辨呢？字裡行間的訊息出現割裂的情況，令人費解。事實上，《明儒學案》裡的引文並非蔡清的原文全貌。故若僅就《明儒學案》所節錄的文字，來探討蔡清對於朱、陸異同的觀點，以及他發此議論的主要契機等問題，便或有人云亦云、斷章取義之嫌。〔註14〕由是觀之，在進一步分析此文本之前，有必要先參照蔡清原文的本末，以究其由來。在這段文字之後，黃宗羲特地標出了「讀蜀阜存稿私記」數字，也正是這段文字的出處。有趣的是，黃氏並未在其他蔡清引文後列明文字出處。按圖索驥，〈讀蜀阜存稿私記〉一文可見於蔡清《虛齋蔡先生文集》一書的第四卷。初讀之際，便可見黃宗羲刪節了蔡清原文。

　　為瞭解黃宗羲節錄蔡清文字的情況，本書將《明儒學案》中的所收錄的文字與蔡清的原文做一比勘。朱鴻林教授在其《明儒學案點校釋誤》一書指出：「一九八五年北京中華書局所刊沈芝盈點校本之尤為有貢獻於學界也」，但「所惜沈氏之點校，錯誤實繁。其緣手民所致而校對疏忽成過者，間或有之；其由文辭義理之析解不精，史實典故之考求未核而致誤者，實為主因。」〔註15〕而誠如朱氏引述《宋史‧何基傳》中所示標點之功能：「義顯意明，有不待論說而自見」。〔註16〕因此，在比勘《明儒學案》文字和蔡清原文之前，必須先不苟於用字、標點之正誤。職是之故，本書依據的《明儒學案》文本，以中華書局 2008 年 1 月第 2 版為底本，參照清乾隆鄭性二老閣刊本之

〔註14〕見 Hong, Ciyuan Lily, "Through Philosophical and Sociopolitical Lenses Clearly-A Study on Mid-Ming Intellectual, Cai Qing 蔡清 (1453~1508)" (M.A. Thesis, National University of Singapore, 2011), pp. 1~2. 是文以為文中的「先生」指的是蔡清，便指出, "Huang (Zongxi) classified Cai Qing as an adherent of both Lu Jiuyuan's 陸九淵 (1139~93) and the latter's most outstanding disciple, Yang Jian 楊簡 (1141~1226). One of the reasons Huang gave was that a large part of Cai Qing's teachings was preoccupied with cultivation of one's morals (*de* 德) and nature (*xing* 性)." 又說："It baffles me that Cai Qing was classified as an advocate of Lu Jiuyuan's school of thought when apparently he had devoted his life to penning commentaries on Sishu and in most cases, advocated the books' teachings. Had the author of *Mingru Xue'an*, Huang Zongxi, classified Cai Qing as such because he was more sympathetic towards Lu Jiuyuan's teachings than Zhu Xi's teachings as both Huang himself and Lu were natives of Yaojiang 姚江？"因為黃宗羲逕自改動這段文字的結果，論者又未慎加考證，故得此謬解。

〔註15〕詳見朱鴻林：《明儒學案點校釋誤》，頁 1～4。

〔註16〕朱鴻林：《明儒學案點校釋誤》，頁 3。

光緒八年修補印本〔註 17〕與康熙三十二年故城賈潤紫筠齋刊本之雍正十三年印本〔註 18〕以資對勘。〔註 19〕據以比勘的蔡清原文則見於《虛齋蔡先生文集》（臺北：閩南同鄉會，1975 年）〔據國立中央圖書館珍藏善本，書前有明正德16 年（1521）序〕。以下為〈讀蜀阜存稿私記〉原文，劃線的文字乃黃宗羲《明儒學案》所節錄的文字：

> 竊惟先天地而始，後天地而終，一道耳。道一，則其說不容有二。宋理學大明，至朱子與陸子，俱祖孔、孟，而其門戶乃不盡同。先生之學，則出自慈湖楊先生敬仲，而宗陸氏者也。其議論有曰：「毫分縷析較便宜，若個便宜總不知。總是自家家裡事，十分明白十分疑。」此先生之學也，正所謂尊德性工夫居多者也。故其論詩曰：「詩成正自不因題，看取風人發興時。語到口頭無可奈，未須搜擾苦吟

〔註 17〕 〔清〕黃宗羲：《明儒學案》（慈溪：二老閣，1882 年），頁 10～17。

〔註 18〕 〔清〕黃宗羲：《明儒學案》，康熙三十二年（1693）紫筠齋本，雍正十三年（1735）重印，出版地不詳，頁 9～14。

〔註 19〕 關於《明儒學案》刻本的不同版本的優劣差異情況，學者已有討論。郭齊通過對鄭、賈二本次序、案題、內容等方面的詳細比較分析，證明鄭本乃作者初稿，賈本各方面均優於鄭本，應是鄭本的修訂本，亦即黃宗羲的晚年定本，於現存諸本中為最善。見郭齊：〈說黃宗羲《明儒學案》晚年定本〉，《史學史研究》，2003 年 02 期，頁 43～50。郭齊發現鄭、賈二本在次序、案題、內容上都有較大差別，從而形成了《學案》的兩個不同版本系統。而賈本的刪節，主要針對著述部分，小到一行數位，大到連篇累牘。但無論如何，本書採用鄭本和賈本作比勘，以〈蔡清學案〉的內容而言，兩個刻本基本上無甚大差別，兩者內容的刪削上也沒出現嚴重不同的情況，故可以相信刪節〈讀蜀阜存稿私記〉原文的是黃宗羲本人。事實上，朱鴻林先生曾指出黃宗羲認為「文字本身的可靠性，以及被選錄的文字之不失其意義脈絡，都是《明儒學案》所選錄的文字的價值所在。」但朱鴻林認為黃宗羲對於這一點雖頗為自矜，「《明儒學案》選錄的文字中，卻有不少字句難以理解和片段思路斷絕的情形，有的文字也看不出反映了什麼宗旨。」他說：「這些情形顯示了，此書的文本存在編纂上、謄錄上乃至刊刻上的各種問題。」他進一步說明這些文本問題的產生，有客觀上和主觀上的原因。客觀的原因是和此書的幾個主要版本有關，而主觀的原因就出在此書原稿的問題，也就是黃宗羲（或替他抄錄的人）在移錄他所選的文字時，所發生的問題。朱鴻林也斷言這些文字上的差異往往出現於《明儒學案》的康熙本和乾隆本，因此可以肯定，它們是見於原稿的，故導致問題的主要原因是編纂者而非刻本的抄胥或刻工。見朱鴻林：《明人著作與生平發微》（桂林市：廣西師範大學出版社，2005 年），頁124～125。蔡清的〈讀蜀阜存稿私記〉的刪節情況可謂體現了朱鴻林的觀察。另外，可參看朱鴻林對《明儒學案》各版本情況所做的梳理。見朱鴻林：《朱鴻林讀黃宗羲：〈明儒學案〉講稿》，頁 14～18。

詩。」則先生之詩，可知其高矣。其論文則曰：「不爲世態酬濡，不
受古人繩束，卷舒出沒如朝霏暮雲，始筆下有自然風味。」則先生
之文，可知其高矣。嗚呼！亦一世之人豪哉！蓋其〔註20〕在萬山中
玩心，高明有日，是以其言論槩以《六經》爲吾心注腳，每有引而
不發之意，而其興之所適，軒然霄漢之上，俯視萬有，若無一足嬰
其懷者，此可以見陸學之未盡符於大中至正之矩。使當日得究其用，
恐於開物成務之實，終必有疎處。苟其疎也，則其所自受用，亦恐
其不覺而近於佛、老。此朱子之於陸氏，所以每欲周旋以補其欠，
而不得苟同焉者也。噫！千聖相傳家法，類皆自博之〔註21〕約，而
一敬以成其始終〔註22〕。陸學固不可謂不主敬者，而稍墜於徑約。
既失之徑約，則其心宜不周於細微，而其弊容可過乎？自古高明之
士，往往有此。在孔門，則曾點之徒是已。夫子所以欲歸而裁之也。
載觀集中亦屢屢以夫子「欲無言」之類爲說，先生固亦知夫子斯言
爲子貢多言設矣〔註23〕，然愚以爲又安知其非發於子貢「多學而識
之」後，學將有得之日乎？故嘗謂自其次致曲以下，無仰鑽瞻忽之
勞，則卓爾之見或非眞；無隨事精察力行之功，則一貫之命，必不
泛及。考之先生所自敘，亦未始不自博中得之也。夫道也者，萬世
無弊，考諸三王而不謬，建諸天地而不悖，質諸鬼神而無疑，百世
以俟聖人而不惑。平平正正，使高明者不得以獨驚，而其下者可以
企及，然後爲中庸，而可以主張乎皇極，詎容一毫有我於其間哉？
故曰：聖人之言遠如天，近如地；遠如天，遠之至也；近如地，近
之至也。能遠者不能近，能近者不能遠；能遠而又能近，能近而又
能遠，此所以爲中也，此所以爲極也，此吾道正統所以卒獨歸之朱
子，而陸氏所就，猶未免爲偏安之業也。細推其故，陸氏毋亦有激
於朱氏門下一二之支離文義，而不知反躬以踐其實者邪？第激於
此，墜於彼，而或者爲之，危其流之亂眞耳。嗚呼！天地有常經，

〔註20〕《虛齋蔡先生文集》的「其」字漶滅不見。見〔明〕蔡清：《虛齋蔡先生文集》
　　　　（臺北：閩南同鄉會，1975年），卷4，頁358。
〔註21〕中華書局本「之」字作「至」。
〔註22〕中華書局本「始終」作「終始」。
〔註23〕黃宗羲於《明儒學案》中將此句「先生固亦知夫子斯言爲子貢多言設矣」省
　　　　改爲「因數貢之多言」。

萬世有定論，一《蜀阜存稿》而其關涉得失有如此者，竊懼高明之
士，或又激於文義之弊，耽其味而殉之，並其所長而失之也，故不
得不一私記之。〔註24〕

顯而易見，黃宗羲並非悉抄原文，而是截斷並徑改蔡清的字句。比勘《明儒
學案》和〈讀蜀阜存稿私記〉原文的兩段文字，可知兩者差異頗多。如此一
來，黃梨洲在學案中是否正確反映了蔡清學說的宗旨？如此刪節，會否導致
讀者曲解蔡清的原來意旨？朱鴻林先生在《明儒學案點校釋誤》中就關於蔡
清的文字指出了中華書局 1985 年本所標點的三處錯誤〔註25〕。除此之外，本
書也發現其他標點上的失誤，即使在中華書局 2008 年的修訂本亦然。如在上
文所載文字中，中華書局本作「故嘗謂自其次致曲以下，無仰鑽瞻忽之勞，
則卓爾之見，或非眞無，隨事精察力行之功，則一貫之命，必不泛及。」（見
註 12），標點便或有誤。觀其語脈，斷句該是在「眞」和「無」之間，不在「無」
和「隨」之間，故當作「無仰鑽瞻忽之勞，則卓爾之見或非眞；無隨事精察
力行之功，則一貫之命，必不泛及。」〔註26〕總而言之，《明儒學案點校釋誤》
處理的是字句、段落、斷句、點號及引文等問題，故對於諸項標點斷句問題
僅作出釋誤匡正。至於黃宗羲撮錄文字時的刪益情況所衍生的問題並非此書
所及。下面將條分縷析，細讀〈讀蜀阜存稿私記〉原文，指出《明儒學案》
刪選蔡清原文的情況，分析其內容，以說明原文之屬意，並辨析黃宗羲對於
蔡清「恐亦未能眞知白沙也」的判詞是否能夠成立。

第二節　〈蔡清學案〉中節文的問題

在〈讀蜀阜存稿私記〉原文中，蔡清劈頭便立論說天地之始終盡循一道，
既是道一，「則其說不容有二」。他開宗明義說「道一」，就是以此天地間之常
理爲依據，論析朱、陸之二說，學者當有所定奪，不容任何模棱兩可。但黃
宗羲刪去這一句，遂使蔡清的議論中的天地之終始的宏觀格局，轉而集中在
宋代理學之學術微觀局面。如此省文，蔡清展開朱、陸之辨的初衷或已隱晦
不明。蔡清關懷的是對天地終始之道的把握，而他認爲朱、陸乃同宗於孔、

〔註24〕〔明〕蔡清：《虛齋蔡先生文集》，頁 358～361。
〔註25〕見朱鴻林：《明儒學案點校釋誤》，頁 279、280。下文附表中將具體指出三處
　　　　謬誤。
〔註26〕朱鴻林的《明儒學案點校釋誤》並未指出此處標點上的謬誤。

孟，只是門戶不盡相同。至於蔡清對兩者門戶不同有何見解，他在此則暫且不表，未作進一步說明。下文旋即論述《蜀阜存稿》的作者的學術成就及特點。稽考其實，作者乃為南宋的錢時〔註27〕（1175～1244）。黃宗羲在「慈湖」後略去「楊先生敬仲」，可能只是純粹為了省文。蔡清說明錢時師承楊簡（1141～1226）及陸九淵一脈後，便引述錢時的詩文論旨。他說錢時的議論宏偉精闢，學重尊德性之工夫，旨在發明心性。蔡清對錢時的襟懷磊落無不傾心〔註28〕，更譽其為振世之人豪。然而，黃宗羲卻刪去「嗚呼！亦一世之人豪哉！」等文字，讀者便不知蔡清對錢時的敬慕之情。蔡清接著為錢時之治學及其所承做一概述：「蓋其在萬山中玩心，高明有日……此可以見陸學之未盡符於大中至正之矩。」〔註29〕此段由論錢學轉入陸學，復啓朱、陸之辨。蔡清因見陸氏後學錢時之治學取向，亦是以高明之旨為主，以心性之探為鵠，一方面表彰其「詩文皆自大本大根中流出，與尋常枝葉者不同」〔註30〕，一方面又不得不指出此治學趨向或難免有偏隘之失，終不得「大中至正之矩」。蔡清更指出此治學傾向所潛藏的隱憂：「使當日得究其用，恐於開物成務之實，終必有疏處。苟其疏也，則其所自受用，亦恐其不覺而近於佛、老。」他認為窺求心性之本體，即使有得，亦是自身受用，止於一身，對於人群社會恐未能有所貢獻，而行事當中或因不能通曉而疏於周密。這也正是「朱子之於陸氏，所以每欲周旋以補其欠，而不得苟同焉者也」之故。顯然，蔡清認為朱子並非排斥陸氏，只是預見因其有所偏重強調，恐後之學者治學有欠周備，朱子冀能輔圓補缺。黃宗羲將蔡清的這番體會刪去，或使蔡清此關切之意銷匿不現，甚則無故平添了朱、陸之間的對立。必須指出，在這一節裡，本書無意指證黃宗羲刪節文字的動機和意圖，只是就刪去的文字，試論其節文後所產生的效果。

　　蔡清繼而比論古往聖學和陸學，就博約處點出兩者之間的差異。聖學

〔註27〕蔡清文集中有〈蜀阜存稿序〉一文，其中交代了作者錢時的背景：「融堂錢先生生丁宋日之暮，蓋不能改廢繩墨以投時好者……。」見〔明〕蔡清：《虛齋蔡先生文集》，卷3，頁261～263。

〔註28〕蔡清在〈蜀阜存稿序〉中就發此讚譽：「嗚呼！先生之所自得者如此，以此而見於詩、見於文，又豈區區愚生俗子所庸置其品題也哉！」見〔明〕蔡清：《虛齋蔡先生文集》，卷3，頁262。

〔註29〕此段中，黃宗羲在「軒然霄漢之上」句前，或為求簡煉，略去「而其興之所適」數字。

〔註30〕〈蜀阜存稿序〉，見〔明〕蔡清：《虛齋蔡先生文集》，卷3，頁262。

「自博之約」，但陸學給人的印象卻是博而「稍墜於徑約」。故陸學雖亦非不主於敬，但高明之士在致思上、或表達上則易導向高遠處，而不能沉潛於博學處。在孔門下則有曾點爲例，而蔡清認爲孔子對此有所警惕，「所以欲歸而裁之」（黃宗羲省去此句，讀者則不知蔡清此說乃基於前車之鑒）。蔡清同朱子一樣對此有所戒慎。他在詮釋《論語‧雍也》中「君子博學於文」一章時有這樣的論述：「或曰：『只約禮便自不畔道，何用博文？』曰：『若不博文，則不知禮之所在，如聞見單寡，則所約之禮，亦未必得其大中至正之歸也。』」〔註31〕蔡清不特別傾向義理疏證或性理探索一面。學者若一味冀求「曾點氣象」而不能下學上達，則只能落得畫虎不成反類犬，所謂「其所自受用，不覺而近於佛、老」也。

　　蔡清是諳悉錢時的詩文的。他在覆校錢時之《蜀阜存稿》〔註32〕和閱讀其文集後，有此體會：「集中亦屢屢以夫子『欲無言』之類爲說，先生（錢時）固亦知夫子斯言爲子貢多言設矣，然愚以爲又安知其非發於子貢『多學而識之』後，學將有得之日乎？」這番觀察與見解說明蔡清或意識到：由於錢時將視角架高，所以在詮釋夫子「欲無言」之意時，認爲夫子是因爲子貢平日好多言，而規諫其去華返樸，「好向何言處會取」〔註33〕。蔡清或恐錢時的解讀偏向高蹈，便提出他的看法：「夫子發『予欲無言』之辭，未嘗不是在子貢『多學而識之』之後。」夫子將此類無言妙道之言，語之於子貢，或是在子貢已學近有所成之時，而子貢在疑之以「小子何述」後，復得夫子「天何言

〔註31〕〔明〕蔡清：《四書蒙引》，卷6，見《景印欽定文淵閣四庫全書》，206：219～220。

〔註32〕「惜其（錢時）遺稿今不盡傳，是編名《蜀阜存稿》，則今吾閩右布政使梅軒徐公所收集於散落之餘而校定焉者也。公將行之梓，命門生蔡清覆校而序之。」見〔明〕蔡清：《虛齋蔡先生文集》，卷3，〈蜀阜存稿序〉，頁262。

〔註33〕〔宋〕錢時：《融堂四書管見》，卷九釋「予欲無言」章，見《景印欽定文淵閣四庫全書》，183：665～666。子曰：「予欲無言。」子貢曰：「子如不言，則小子何述焉？」子曰：「天何言哉？四時行焉，百物生焉。天何言哉？」錢時解釋道：「夫子發『予欲無言』之旨，所以與之言者深矣。子貢平日正墮言語窟宅，一聞斯訓乃索然無所倚仗。小子何述，幾於可笑。天何言哉？四時行焉，百物生焉，天誠何言哉？子貢將從前伎倆一時掃下，好向何言處會取。」錢時謂子貢言「小子何述」，「幾於可笑」，但觀《論語》中子貢和夫子之間的琢磨經歷以作檢證，子貢如此回應，該不至於引人哂之。至於錢時在詮釋時，是否如《四庫提要》所言，因屬陸氏嫡系，限於門戶，而求異於程朱，學者已有所討論。見勞悅強：《文內文外──中國思想史中的經典詮釋》（臺北市：台大出版中心，2010年），頁141、142。

哉」之開示，便默然識之。蔡清點出此語，試論夫子雖主張返約，但還須先從事博學，如此方能約其所知，知其妙道之精義。反復玩味，則可知錢時和蔡清對於夫子「欲無言」的理解是迥然不同的。錢時強調的是不拘於言語，而徑求道之高妙，而蔡清則認爲夫子是提撕弟子博學之餘始求反約，以見其本然，如此方能博約折中。兩者之間因詮釋上的不同，得出的結論竟是南轅北轍。錢時所示則或病在過於高明。值得一提的是，蔡清原文作「先生固亦知夫子斯言爲子貢多言設矣」，黃宗羲則將此句徑改爲「因數貢之多言」。省文固然是黃氏在節錄時不得已的工作，但前句中蔡清委婉的語調及同情的意態，在黃宗羲的文字更動中便不得反映了。蔡清認爲深造之者應該不忘下學的工夫在仰鑽精察，在勞謙的學習中實踐。而他考證錢說，知其學問乃博中得之（黃宗羲刪此內容〔註34〕），可是蔡清以爲道也者「萬事無弊……平平正正，使高明者不得獨騖，而其下者可以企及，然後爲中庸」〔註35〕云云。對他而言，「道」是萬古不變的（時間），且建諸天地而不悖的（空間），不論是「三王」，還是「鬼神」，皆無所謬疑，以至「百世以俟聖人而不惑」。黃宗羲或爲求簡截了當，刪略蔡清對「道」的體認，使其眼界之深遠，落到眼前的平平正正而已。而蔡清在下文論說「聖人之言」，因能近能遠，所以爲中，所以爲極的一段文字，黃氏亦略去〔註36〕。要之，蔡清深知聖人之言留於後世，能教育不得親炙聖教的後賢。聖人所言不偏不倚，大中至正。言語若偏離中道，捨近求遠，則或難免流於空疏無根。蔡清便是在這樣的論述前提下，才有接下來的結語：「此吾道正統所以卒獨歸之朱子，而陸氏所就，猶未免爲偏安之業也」。〔註37〕明乎此，蔡清並無詆毀陸氏或錢時的品格的意圖，而僅就

〔註34〕黃宗羲刪掉此句：「考之先生所自敍，亦未始不自博中得之也。」

〔註35〕自「夫道也者」後，黃宗羲刪去「萬世無弊，考諸三王而不謬，建諸天地而不悖，質諸鬼神而無疑，百世以俟聖人而不惑。」

〔註36〕黃宗羲省去「故曰：聖人之言遠如天，近如地；遠如天，遠之至也；近如地，近之至也。能遠者不能近，能近者不能遠；能遠而又能近，能近而又能遠，此所以爲中也，此所以爲極也。」

〔註37〕關於陸象山之學有所偏廢的論述，明儒中也有胡居仁（1434～1484），其言曰：「竊疑朱子沒，其門人親炙朱子日久，尚未甚失。然訓解漸煩，實體之功夫少矣。再傳則流於口語，遂失其眞。多是窮索文義，以博物洽聞爲學。僅有西山眞氏，知居敬窮理，故學雖博，有本體功夫。魯齋許氏，不務辭說，故學雖未極全體而踐履確實。吳草廬初年甚聰明，晚年做得無意思。其論朱、陸之學，以朱子道問學，陸子尊德性，說得不是。愚以爲尊德性工夫亦莫如朱子。平日操存涵養，無非尊德性之事。又觀其〈德性箴〉，何嘗不以尊德性

其所見之錢時之言論，表示關切。梨洲罔顧這一事實而盡略之，節文也只在陸氏守「偏安之業」一語中作結。如此，讀者若僅就黃梨洲《明儒學案》中所節錄的文字為據，便不能洞悉蔡清對陸氏的評騭的由來。

事實上，以蔡清原文中的結尾處所言，其允直懇切之情狀足見一斑。雖謂陸氏或耽於偏安，但蔡清持平而論，不諱言「細推其故，陸氏毋亦有激於朱氏門下一二之支離文義，而不知反躬以踐其實者邪？」他能同情陸氏激言探求心性之旨，以求不規規於文義的立場。據實而言，朱門下未嘗沒有受義理支離之蔽塞，執一而不博者，可見陸氏之主張其來有自，並非無的放矢。黃梨洲將此句刪去，便不見蔡清不囿於門戶，力避黨伐，持論平允的剖白。讀此諸語，蔡清的斡旋之力足見一二。蔡清得失並陳，在肯定陸氏之餘，猶有所惕栗：「激於此，墜於彼，而或者為之，危其流之亂真」。陸學之流若汲汲於「先立乎其大」，又不能真切體悟陸氏言之所由，而在引申推極的過程中，未能反思其所用，必將漸行漸遠，盡失原貌，而淪為空說心性之徒，則可謂差之毫釐，謬以千里。

最後，蔡清更道出他作此文章的導因。蔡清立於天地萬世之中，喟然歎息道：「嗚呼！天地有常經，萬世有定論，一《蜀阜存稿》而其關涉得失有如此者，竊懼高明之士，或又激於文義之弊，耽其味而殉之，並其所長而失之也，故不得不一私記之。」可見蔡清讀了錢時的《蜀阜存稿》後，迫切地警戒到：陸氏之流中的高明之士如是僅縈懷於明其本心，激於文義之累而將注疏詞章之功盡棄如敝屣，則或殆於束書不觀、高談性理之流弊。〔註 38〕他認

為重乎？但其存心窮理之功未嘗偏廢，非若陸子之專本而遺末，陷於禪學，將德性都空了，謂之能尊德性，可乎？未知是否？」見〔明〕胡居仁：《胡文敬集》，卷 1，〈奉羅一峰〉，見《景印欽定文淵閣四庫全書》，1260：9。但與蔡虛齋不同者是，敬齋此議論乃基於朱學流衍情況而發，而虛齋則本自陸學流弊而言。誠如錢穆所見，敬齋乃師吳康齋（1391～1469）乃因有意矯元儒窮索文義之弊，「不願人務於廣覽博記」，而有所辯。錢氏也指出康齋、敬齋師徒痛懲元儒流弊，似「把考索注解，博物洽聞，過分擱棄一邊……遂成此下明儒風氣，終於道問學博文一邊疏了。」但兩人「用意謹嚴，猶與此下明儒由空疏而轉入狂放，有大不同。」以錢氏所析，再見蔡清所論，則守朱學者治學無不嚴謹，不容有所偏廢，其來有自。見錢穆：《中國學術思想史論叢（七）》，收入《錢賓四先生全集》，頁 7～9。

〔註38〕錢賓四闡述朱子之學，謂其議論高廣，組織圓密，且能「以平實淺近之途轍，開示來學，使人日孳孳若為可幾及」。此也正是蔡清所汲汲於實踐的。論朱、陸之異同時，錢賓四引《象山年譜》，曰：「鵝湖之會，論及教人，元晦之意，

爲這不符天地之常經，且有違萬世之定論。因此，縱使有其所長，亦因其長而有所失，所以蔡清不得不私記之。既言「私記」，則似自己的讀後感，更重在自警，而非有公告天下之企圖。至此，蔡清之所以評斷陸氏爲「偏安之業」的始末及蔡清本身的治學態度可謂朗然自見。

　　綜上可見，蔡清的原文一經刪節，讀者在理解他評論象山的由來時，便難以詳其曲折。更重要的是，黃宗羲憑著這條文字在〈蔡清學案〉的敍傳處指出蔡清既然批評象山則「恐未能眞知白沙」，但兩者之間是否有必然的因果關係，這個問題仍懸而未決。蔡清是否眞的無法把握白沙的學問，此尚待深究，不可存而不論。下文將廓清其中原委之一二，嘗試說明蔡清對陸象山的評論和他傾慕陳白沙的事實是否就如黃宗羲所判斷那樣是相互抵觸的。

第三節　蔡清對陳獻章之誤解？

　　一般認爲，陳獻章在明中葉之初已發心學之先聲，〔註39〕講求心性之本，認爲「爲學當求諸心必得」。獻章貴「自得之學」，求之於內，「不待乎外」，教人通過「靜坐」以見心體之呈露，強調爲學要有「獨悟妙道」的體認。〔註40〕陸象山則爲宋學中「心學」的大祖師，〔註41〕其學不以泛觀博覽爲首務，〔註42〕讀《孟子》而能「自得之於心」，工夫全辨在自己內心的動機上，

欲令人泛觀博覽，而後歸之於約；二陸之意，欲先發明人之本心而後使之博覽。朱以陸之教人爲太簡，陸以朱之教人爲支離；此頗不合。先生更欲與元晦辨，以爲堯舜之前何書可讀，復齋止之。」由是觀之，蔡清之關懷是上承朱子之說的。見錢穆：《國學概論》（北京：九州出版社，2011年），頁223、224。

〔註39〕沈珩（1619～1695）在《明儒言行錄》的序中論述明代學風之變時，說道：「明三百年間自始迄終，儒之統煌煌綿綿未有晦而息之之日也。故曰：未有盛於有明者也……明初百年之間，天下所尊信爲儒者之言，未有二於宋五先生者也。自白沙出而其言一變，當其時而不變者，胡敬齋、章楓山、羅一峰也。」〔清〕沈佳：《明儒言行錄》（臺北：明文書局，1991年），頁16～18。《明史》亦有記載說：「明初諸儒皆朱子門人之支流餘裔，師承有自，矩矱秩然。曹端、胡居仁篤踐履、謹繩墨，守儒先之正傳，無敢改錯。學術之分則自陳獻章。王守仁始宗獻章者……」見〔清〕張廷玉：《明史》（北京：中華書局，1974年），卷282，〈儒林列傳〉，頁7222。

〔註40〕參見苟小泉：《陳白沙哲學研究》，頁74～88。呂妙芬：《胡居仁與陳獻章》，頁79～94。

〔註41〕錢穆：《宋明理學概述》，頁163。

〔註42〕錢穆：《宋明理學概述》，頁169。

極爲樸實簡易。〔註43〕故乍看之下，白沙之學與象山頗有近似之處。如此，
梨洲稱蔡清既貶抑象山，就不能算眞知白沙的論斷似不無道理。

宗羲基於陳白沙和陸九淵治學的共通點，便認爲蔡清若對陸學持有微
詞，儘管他對陳白沙敬慕有加，則終究不能算是眞知白沙之學。反過來說，
既然蔡清未能眞知白沙，他自然也不得象山學問的眞相，因此，宗羲不啻認
爲蔡清評論象山猶守「偏安之業」是大可非議的。事實上，如前所析，蔡清
是就其所見象山之後學——錢時的文章，以其學縱有所長卻失於徑約之故，
方發此慷慨之言以警戒後賢。況且蔡清也同情地指出陸氏強調先發明人之本
心，或因見朱門弟子自限於文義之考索而不從事切己之學，才有所倡言。蔡
清確守程、朱之學爲矩矱，發現學者或有感於一時學術之流弊而提倡偏激之
說，致使士人風從。他覺得陸氏似乎並非刻意同朱子分門別戶，但爲誘正時
人之謬妄，不得不有所激厲，以導引學風於正向。但陸氏及其從者偏於強調
心性之探，蔡清便恐其學之有首無尾，或有矯枉過正之缺憾。他認爲這樣的
做法每每顧此失彼，使人陷入另一窘境。須知這並不等於控訴陸氏不事博學
之工夫，但就其所重，則或導致後世學者所事之學有偏執之弊，便不得不特
別說明。總之，蔡清的根本關懷是爲杜漸防萌，戒飭高明之士切莫「激於文
義之弊」，而專事無根之學。

且觀明末清初，新舊鼎革之際，有志之士苦苦思索其安身立命處及「期
康濟斯民之實」，像黃宗羲本身就曾提出「推極吾心以言博」，以「藥晚明心
學空疏偏狹之弊」〔註44〕。稍後有儒生雷鋐〔註45〕（1697～1760），撰有《經
笥堂文鈔・象山禪學考》一文，他一方面不抹殺陸、王人品事功之卓然，一
方面也通過考證，指出象山及陽明著述中憑臆武斷之處。他說：「論故人貴
擇善而從，象山義利之辨終自服膺可也，然其氣質果於自用；其學問，知理
一而不析乎分之殊，遂起凌虛駕空之弊。其論子羔生死尚可顛倒，又何怪
陽明輯《朱子晚年定論》，顛倒年之早晚哉！」〔註46〕此即上文蔡清所謂「陸

〔註43〕錢穆：《宋明理學概述》，頁178～181。

〔註44〕錢穆：《國學概論》，頁248。另外，黃宗羲爲了不蹈懸空探索本體，墮入渺茫
之弊，他論學時重實踐、重工夫，也不一昧著意向內。可見梨洲亦知心學高
談性命之偏。見錢穆：《中國近三百年學術史（一）》，頁27～29。

〔註45〕雷鋐，字貫一，寧化人，雍正癸丑進士，官至副都御史。《四庫》館臣稱其讀
書箚記，「大旨惟以朱子爲宗，然能不爭競門戶」。《讀書偶記》提要，收入
《欽定四庫全書總目》，725：661。

〔註46〕引自高令印，陳其芳：《福建朱子學》（福建：人民出版社，1986年），頁463

學固不可謂不主敬者，而稍墜於徑約。既失之徑約，則其心宜不周於細微。」〔註47〕另外，錢穆也曾以心學巨擘王守仁《朱子晚年定論》之纂輯中罅漏之顯然，說明心學之流弊就在「空疏不讀書」。〔註48〕由於「正心誠意之辨，無救於亡國種淪之慘」，〔註49〕故明末諸老在「痛故國顛覆，受制夷虜」之際，「頗歸咎於王學之空談心性。」〔註50〕可見蔡清的顧慮並非無稽之談。民初學者李源澄（1909～1958）在論清代經學時，扼要說道：「姚江之學普及平民，篤古洽聞，獨一二豪傑之士能之，故清人每謂明人不讀書，實則王學以外未嘗無學問，特不如王學之眾多耳。」又引明末清初費密（1623～1699）之言曰：「當時注疏惟福建本。」〔註51〕由此可見，王學後裔甚夥，但所幸學問注疏實學之功則猶存於福建一帶，也就是蔡清畢生講學活動之所在地。一代學風並非驟變，而是醞釀有時，方漸成其氣候。蔡清之門人弟子承續程、朱一脈，成為日後心學氾濫時的中流砥柱之一，〔註52〕亦使後世清代考證之學有所資取。

〔註47〕　〔清〕黃宗羲：《明儒學案》，頁 1097。
〔註48〕　錢穆：《宋明理學概述》，《錢賓四先生全集》（臺北：聯經出版事業公司，1994年），卷九，頁 267～269。
〔註49〕　錢穆：《國學概論》，頁 247。
〔註50〕　李源澄：《經學通論》（上海：華東師範大學出版社，2009年），頁 48。
〔註51〕　李源澄：《經學通論》，頁 47。
〔註52〕　李清馥之祖父——文貞公（李光地）曾撰〈虛齋先生祠記〉，曰：「吾閩僻在天末，自朱子以來，道學之正，為海內宗。至明代成化後，虛齋先生崛起溫陵，首以窮經析理為事，非孔、孟之書不讀，非程、朱之說不講。其於傳注也，句談而字議，務得朱子當日所以發明之精意。蓋有勉齋、北溪諸君子得之口授而訛誤者，而先生是評是訂。故前輩遵岩王氏謂：『自明興以來，盡心於朱子之學者，虛齋先生一人而已。』自時厥後，紫峰陳先生、次崖林先生（按：公初稿尚有淨峰張先生）皆以里閈後進受業私淑，泉州經學遂蔚然成一家言。時則姚江之學大行於東南，而閩士莫之遵，其掛陽明弟子之錄者，閩無一焉。此以知吾閩學者守師說，踐規矩，而非虛聲浮焰之所能奪。」由此可知蔡清恪守程、朱，而日後其餘裔傾力辯難心學。見〔清〕李清馥：《閩中理學淵源考》，卷 59，〈文莊蔡虛齋先生清學派〉，收入《景印欽定文淵閣四庫全書》，460：594。關於蔡清及其門人弟子（陳琛、張岳、林希元）的思想與學術關懷，可參考高令印、陳其芳：《福建朱子學》，頁 252～361。亦可參照傅小凡、卓克華：《閩南理學的源流與發展》（福州：福建人民出版社，2007年），頁 133～255。另可參見葉洲瑞：《論明清閩南學術網路的建構——以蔡清（1453～1508）為中心的考察》，學士論文，新加坡國立大學，2012年。

要而言之，蔡清所戒乃在前人所作過激之詞，恐其或為後人學行偏竄之禍胎。這實際上與他思慕陳獻章並無關涉。更何況，陳獻章「比歸白沙，杜門不出，專求所以用力之方。既無師友指引，惟日靠書冊尋之，忘寢忘食。如是者亦累年，而卒未得焉。所謂未得，謂吾此心與此理，未有湊泊脗合處也。於是舍彼之繁，求吾之約，惟在靜坐。久之，然後見吾此心之體，隱然呈露，常若有物。日用間種種應酬，隨吾所欲，如馬之御銜勒也。體認物理，稽諸聖訓，各有頭緒來歷。如水之有源委也。於是渙然自信，曰：『作聖之功，其在茲乎？』」〔註53〕由此可知，陳氏讀書窮日月不輟，但終病於詞章撰述之繁蕪，且歧出之意迭出枝蔓，而遂生獨窺一源之蘄望，以靜坐力行為主，不為義理支繚所縛。白沙求學盡性，諄勤不倦，幾經劃礪，方得修養之結晶，舉自得之學。他曾如此請弟子代為勸勉門人：「秉筆欲作一書寄克恭，論為學次第，罷之，不耐尋思，竟不能就。緝熙其代余言。大意只令他靜坐尋見端倪，卻說上良知良能一節，使之自信，以去駁雜支離之病，如近日之論可也。」〔註54〕但即使蔡清知道白沙主張以靜坐尋見端緒，〔註55〕就如同他對陸象山抱有同情的意態，亦該能瞭解白沙言之所由，並體會其苦心，敬慕之情自當不減於前。事實上，蔡清學說之要有不少是與白沙暗合的。

第四節　蔡清與陳獻章學說之會通

黃宗羲記述陳白沙之學「自博而約、由粗入細」〔註56〕，又「先生（陳

〔註53〕〔明〕陳獻章撰，孫通海點校：《陳獻章集》（北京：中華書局，1993年），卷2，〈復趙提學僉憲〉，1：145。見〔清〕黃宗羲：《明儒學案》，卷5，〈白沙學案上・文恭陳白沙先生獻章〉，〈論學書復趙提學〉，頁80、81。亦見於〔清〕張廷玉：《明史》，卷283，頁7262。

〔註54〕〈與林緝熙書〉（三十一則，其十），《陳獻章詩文續補遺》，收入〔明〕陳獻章撰，孫通海點校：《陳獻章集》，2：972。

〔註55〕關於白沙因為主張靜坐而引起攻訐的情況，章沛認為批評白沙「靠靜坐來從事學問涵養」，說他不讀書是無稽之談。章氏說：「當然，白沙也說過讀書不能解決問題的話頭，但他是主張讀書的，是主張根據自得的精神讀書的。除了讀書，白沙還有完整的一套實踐、求學、治心的方法。把靜坐、不讀書當成白沙的唯一的學問涵養方法，姑且不論這見解如何流行，但總是不符合事實的，是沒有從全面理解白沙哲學的結果。」見章沛：《陳白沙哲學思想研究》（廣東：廣東人民出版社，1984年），頁254～255。

〔註56〕〔清〕黃宗羲：《明儒學案》，卷5，〈白沙學案上・文恭陳白沙先生獻章〉，頁81。

獻章）之學以虛爲基本，以靜爲門戶……」〔註57〕云云，虛、靜之功乃蔡清
發奮沉潛、反復體驗之處，白沙深得虛齋景仰，此已足見其端倪。蔡清和陳
獻章在修身治學上皆主張虛、靜之門路。〔註58〕像陳白沙曾論道：「然謂僕
〈示諸生〉詩末聯有激而發，則恐觀者過於求索，僕之意往往不然也。此詩
亦但謂歲月流邁，諸生學不加進，故汲汲焉告之，冀其有所感發而自憂耳。」
〔註59〕他坦承自己乃有激而言之之時，勸諫觀者不當過分求索。陳獻章在治
學或與諸生進退之間，尙有警惕後學注意過與不及之理。〔註60〕蔡清平生所
自策勵者亦是：「虛心順理，毋激毋隨」〔註61〕，求得順當而無過不及之差。
對於「虛」的看法，蔡清講述〈咸〉卦之義理時，可謂探賾索隱。他說：

> 山上有澤，則是以澤之潤而感乎山，以山之虛而受其感，〈咸〉之象
> 也。君子體之，則虛其中以受人之感焉。夫人之心不虛，則先入者
> 爲主，而感應之機窒矣。雖有至者，皆捍而不受矣。不以私意自蔽，
> 所謂虛也，所謂寂然不動者也。受人無工夫，虛則能受也。……愚
> 謂君子以虛受人，於象必有所取，豈非以山上有澤，以虛而通故
> 邪？……受人者，受人之感。在人之感，或以事感，或以言感。惟
> 其虛中，則人之以言感者，吾有以納其言而酌其是非。人之以事感
> 者，吾有以承其事而裁其當否。不然，有我之心先據其中，人之至
> 吾前者，一無可入之理矣。如心有所忿懥，則人之至吾前者，雖有

〔註57〕　〔清〕黃宗羲：《明儒學案》，卷5，〈白沙學案上・文恭陳白沙先生獻章〉，頁
80。

〔註58〕　有學者認爲蔡清和陳獻章在靜、虛工夫上皆有自得於心和任自然等特點，論
述可資參照。但作者乃將陳獻章定位爲心學之代表，故其論述是試圖說明蔡
清在工夫論上與朱子大異其趣，卻與陳獻章相似。作者更不諱言：「宗朱的蔡
清與啓心學的獻章之所以可能在工夫論上有相近的主張，是因爲他們都曾吸
收了道家的思想資源。」見周天慶：《明代閩南四書學研究：以宗朱學派爲中
心》（北京：東方出版社，2010年），頁214～220。

〔註59〕　〔明〕陳獻章撰，孫通海點校：《陳獻章集》，卷2，〈復趙提學僉憲〉，1：
145。

〔註60〕　陳白沙在爲江西僉憲陳君琦（自號冷庵）作〈題冷庵〉時就曾勸諫庵中人，
不熱不冷無過不及之道：「舉世好近熱，子獨畏之猛。投身向壑雪，永謝白日
影。玉壺貯清氷，秋露滴金井。是以冷自勝，於世非絕屏。假令務絕屏，過
與近熱等。我以道眼觀，天下方首肯。寒暑兩推移，正中太和境。寄語庵中
人，不熱亦不冷。」見〔明〕陳獻章撰，孫通海點校：《陳獻章集》，附錄一，
〈題冷庵〉，2：719、720。

〔註61〕　〈贈鄭溫卿宰鄖平〉，見〔明〕蔡清：《虛齋蔡先生文集》，卷1，頁68。

可喜，吾亦不以爲喜矣。心有所好樂，則人之至吾前者，雖有可憎嫌，亦將不以爲嫌矣。故胸中須空空洞洞，無一物先實其中，乃可所謂虛以待之於無爲之先。……〔註62〕

蔡清所主張的「虛」先是求「不以私意自蔽」，即有意識地洞察自身的意念是否趨向私心。更深入而言，忿懥、恐懼、好樂、憂患，此四者皆人心之用，是人生而皆有之者，但人如用而不有所省察，受私心情欲障蔽，則所行便不得其正。總之，「受人者」倘若先有其偏見，其「感應」之機則滯塞不通，「心」自然裁察無力。這是心以「虛」爲潤身工夫之主軸。蔡清認爲「蓋人心本天地之至精，惟節欲定神以養之，而不爲物所鬥，則自還其虛靈。」〔註63〕「節欲定神」即是虛養其心的工夫，「還其虛靈」便是復原其心的本體。蔡清畢身所致力的「虛」，實乃貫穿其工夫與本體之論，以「虛」爲心之用，終以「虛」爲心之體。

同樣的，陳獻章對於人們總是以是非善惡之標準橫梗胸中，而無法虛以受人的情況，亦是多有所惕厲：「先正謂天下無盡非之理，修己常自點檢，直到十分是處，不可強執己見，惟在虛以受人。」〔註64〕又「待人接物不可揀擇殊甚，賢愚善惡一切要包他到得物我兩忘，渾然天地氣象，方始是成就處。」〔註65〕人在納言處事之際，雖自認是非判然，殊不知或受私情之羈絆，而無法裁斷行事之停當與否。白沙認爲致「虛」之功雖難，其用卻大。他說：「虛己極難，若能克去有我之私，當一日萬里矣。」〔註66〕若能「以無所著之心行於天下，亦焉往而不得哉」〔註67〕。除了在修身工夫上肯定「虛」的作用，陳獻章也說過：「虛，其本也，致虛之所以立本也。」〔註68〕可見兩人對於「虛」作爲本體及工夫，皆有所關切與發揮，而且觀點似乎不謀而合。

〔註62〕〔明〕蔡清：《易經蒙引》，收入《景印欽定文淵閣四庫全書》，29：308。

〔註63〕〔明〕蔡清：《虛齋蔡先生文集》，卷1，〈靜生明銘〉，頁91。

〔註64〕〔明〕陳獻章：《白沙先生至言》，收錄於《續修四庫全書》（上海：上海古籍出版社，1995年），936：378。

〔註65〕〔明〕陳獻章：《白沙先生至言》，收錄於《續修四庫全書》，936：378。亦可參看〈示學者帖〉，收入〔明〕陳獻章撰，孫通海點校：《陳獻章集》，卷4，1：78。

〔註66〕〔明〕陳獻章：《白沙先生至言》，收錄於《續修四庫全書》，936：385。

〔註67〕〔明〕陳獻章：《白沙先生至言》，收錄於《續修四庫全書》，936：385。

〔註68〕〈復張東白內翰〉，收入〔明〕陳獻章撰，孫通海點校：《陳獻章集》，卷2，1：131，1：132。

再者，蔡清非不知陳白沙與陸氏同樣講求性命之學〔註69〕，且肯定白沙確得鳶飛魚躍之樂，能俯視一世，所以他稱許道：「感君遇我特從容，愧我疎庸百未通。宇宙之間大有事，煩君細問白沙翁。」〔註70〕況且，蔡清也曾透露讀白沙之〈乞終養疏〉，便深知其脫灑自在，並非性格狂率使然。〔註71〕白沙同時強調學之途轍不可務高虛，他指出：「傳曰：『道在邇而求之遠，事在易而求諸難。』又曰：『行之而不著焉，習矣而不察焉，終身由之而不知其道者，眾矣。』聖賢教人，多少直截分曉而人自不察。索之渺茫，求諸高遠，不得其門而入，悲乎！」〔註72〕又「有學於僕者，輒教之靜坐，蓋以吾所經歷粗有實效者告之，非務為高虛以誤人也。」〔註73〕當然，白沙也說過「學勞攘則無由見道，故觀書博識，不如靜坐」〔註74〕和「高明之至，無物不覆。反求諸身，欛柄在手」〔註75〕這些類似全然不事詞章、追求自得之妙道的言論，也因此在明中葉已遭到非議。比如，與蔡清同時的羅欽順便指摘道：「近世道學之昌，白沙不為無力，而學術之誤，亦恐自白沙始。至無而動，至近而神，此白沙自得之妙也。彼徒見夫至神者，遂以為道在是矣，而深之不能極，幾之不能研，其病在此。」〔註76〕但蔡清亦未嘗不對溺志詞章之輩有所告誡：「若是真學問文章，須見於威儀之際，與夫日用之常。若是真道德性命，須見於治家之法，與夫當官之政。不然，徒日皇皇於多故，而在身無受用之實，在心無灑落之趣，是直博學之小人，而詞章之兒豎爾。危

〔註69〕 「薛侃，字尚謙，揭陽人。性至孝，正德十二年成進士，即以待養歸……時方議文廟祀典，侃請祀陸九淵、陳獻章。九淵得報允。已，進司正。」前人請陸九淵、陳獻章同祀文廟，可見當時士人對兩者之間的淵源或已有共識。〔清〕張廷玉：《明史》，卷207，頁5468。

〔註70〕 〈送唐給事兩廣盤糧三首〉，見〔明〕蔡清：《虛齋蔡先生文集》，卷1，頁28。

〔註71〕 〈淮上與周公載員外書〉，見〔明〕蔡清：《虛齋蔡先生文集》，卷1，頁165～167。

〔註72〕 〔明〕陳獻章撰，孫通海點校：《陳獻章集》，卷2，〈與張廷實主事〉六十九則，其三十七，1：176。

〔註73〕 〔明〕陳獻章撰，孫通海點校：《陳獻章集》，卷2，〈復趙提學僉憲〉，1：145。

〔註74〕 〔清〕黃宗羲：《明儒學案》，卷5，〈白沙學案上・文恭陳白沙先生獻章〉，1：85。

〔註75〕 〔明〕陳獻章撰，孫通海點校：《陳獻章集》，附錄一，〈示黃昊〉，2：704。

〔註76〕 見〔清〕黃宗羲：《明儒學案》，卷5，頁80。但黃宗羲並不贊同羅欽順的說法。他說：「緣文莊（欽順）終身認心性為二，遂謂先生（白沙）明心而不見性，此文莊之失，不關先生也。」見同書頁80。

哉！」〔註77〕必須指出，蔡清不是反對訓詁求知，而是若將所學束之高閣，則非「眞學問文章」，又或稍異於陳白沙。〔註78〕蔡清和陳獻章在訓詁事業的立場和求知的取向上雖看似大相徑庭，但後者畢竟非全然未致力於道問學上。事實上，說兩人的治學態度與性情相近亦不爲過。《閩中理學淵源考》中有這麼一段記述：「文莊（蔡清）沒將十年，先生（陳琛〔1477～1545〕）舉正德丁丑（1517）進士。初考官尹編修襄得其文，以語總考靳公曰：『造詣精深，出舉業溪徑之外，此必陳白沙門人，不則蔡虛齋也。』」〔註79〕陳琛爲蔡清弟子，不知者竟然難辨其學之所由，而或以爲出於白沙門下，則蔡清與白沙之學，不啻聲氣相通，自有其冥合符契處。

其實，陳白沙雖警惕於朱子支流「狗外」之弊，因而肯定心的主體性，但卻也力避陸氏末裔「自欺」之害。其言曰：「……，頷聯言爲學當求諸心必得。所謂虛明靜一者爲之主，徐取古人緊要文字讀之，庶能有所契合，不爲影響依附，以陷於狗外自欺之弊。此心學法門也。」〔註80〕雖以「心學法門」爲名〔註81〕，白沙所言當得到蔡清的共鳴。儘管兩人所主張間或有所別異，蔡清仍視陳獻章爲學養淵深者，這未嘗不可側見蔡清確實不標門定居。蔡清嘗舉前人所言：「願士大夫有此名節，不願士大夫立此門户。」〔註82〕明乎此，

〔註77〕〔清〕黃宗羲：《明儒學案》，卷46，〈諸儒學案上四‧司成蔡虛齋先生清〉，2：1100。

〔註78〕周天慶認爲蔡清和陳獻章在爲學風格上有這樣的區別：「獻章因其工夫偏重於道德本體意識的激發，而忽略知識的獲得，故追求道德境界。而蔡清因其主靜致虛工夫也包含了追求知識的內涵，故有朱子篤實之風，而貶抑『氣象』。」見周天慶：《明代閩南四書學研究：以宗朱學派爲中心》，頁221、222。

〔註79〕〔清〕李清馥：《閩中理學淵源考》，卷60，〈督學陳紫峰先生琛〉，見《景印欽定文淵閣四庫全書》，460：609。此事亦見於蘇浚所撰《陳紫峯先生傳》。詳見〔清〕黃宗羲：《明文海》，見《景印欽定文淵閣四庫全書》，1457：601b。

〔註80〕〔明〕陳獻章撰，孫通海點校：《陳獻章集》，卷4，〈書自題大塘書屋詩後〉，1：68。

〔註81〕《篁墩文集》卷18〈徽州府婺源縣重建廟學記〉曰：「自堯、舜以至孔、顏，又至於周子，其所謂學者蓋如此，乃吾窮聖性之原，究心學之妙，而歸宿於一敬，則程子發之，朱子闡焉。實有功於聖門，而有大惠於來學者也。」錢穆指出程敏政（1445～1499）的《篁墩文集》於孔孟逮及周、程、朱子，皆稱「心學」或稱「性學」，夾雜通用，這種現象屢見於文集中，可見當時尚不分朱爲性學、陸爲心學。見錢穆：《中國學術思想史論叢（七）》，《錢賓四先生全集》，〈讀程篁墩文集〉，頁47～60。

〔註82〕〈復鄭廷綱提學書〉，見〔明〕蔡清：《虛齋蔡先生文集》，卷2，頁176～177。

蔡清在評騭人物時，其考慮標準蓋有在其人之學術之外，深究則更可知蔡清之爲人。

　　蔡清瞻慕陳獻章乃基於他對陳氏的學問素養和情操的敬重，而他評論陸九淵未免偏安之業一事，則是因象山流裔——錢時好求高明，著文多有偏頗之詞。蔡清恐其亂聖學之眞，輒爲之慨然興歎。這兩者本來互不參涉。黃宗羲卻要通過刪節蔡清的原文來回護象山。在這之餘，他把白沙牽扯進來，暗指白沙和象山兩人學有同趣。他質疑蔡清對於白沙學的領悟，促使白沙和學宗朱子的蔡清之間出現了一道隔閡。

第五節　從〈蔡清學案〉中看《明儒學案》對史料的剪裁

　　毋須諱言，〈蔡清學案〉中對史料的剪裁，或導致讀者在認識蔡清的學術涵養及修身工夫時，有失實的情況出現。《明儒學案》作爲一部明代學術史的鴻篇巨著，其編纂體例、選案標準、人物評騭等，無不爲後人所稱道且模仿。鄭性爲《明儒學案》作序指出，「朱、陸門人，各持師說，入主出奴。明儒沿襲，而其間各有發揮開闢，精確處不可掩沒，黎洲黃子臚爲《學案》而並錄之。後之觀者，毋師己意，毋主先入，虛心體察，孰純孰駁，孰淺孰深，自呈自露，惟以有裨於爲己之學，而合乎天地之所以爲大，其於道也，斯得之矣。」〔註83〕所言雖非過譽，但以〈蔡清學案〉這一案例來看，試問若學者不加深究，而將黃宗羲在《明儒學案》中所收錄有關蔡清的材料和所作的評語據以爲實，「後之觀者」又該如何對蔡清，甚或對朱、陸門人所發揮開闢的學說有一通透準確的把握呢？

〔註83〕《明儒學案》中，慈溪後學鄭性於乾隆己未（1739 年）作有一篇序，今錄全文：「道並行而不相悖，此天地之所以爲大也。三教既興，孰能存其一，去其二。並爲儒而不相容，隘矣。孔子大中，如天地之無不持載、無不覆幬，是以能祖述堯、舜，憲章文、武。然嘗欲『無言』，且曰『攻乎異端，斯害也已』。大賢而下，概莫之及。後儒質有純駁，學有淺深，異同錯出。宋惟周子渾融，罕露圭角；朱、陸門人，各持師說，入主出奴。明儒沿襲，而其間各有發揮開闢，精確處不可掩沒，黎洲黃子臚爲《學案》而並錄之。後之觀者，毋師己意，毋主先入，虛心體察，孰純孰駁，孰淺孰深，自呈自露，惟以有裨於爲己之學，而合乎天地之所以爲大，其於道也，斯得之矣。」見〔清〕黃宗羲：《明儒學案》，1：1。

綜合言之，蔡清在〈讀蜀阜存稿私記〉中所發之議論非爲抨擊陸氏，他僅平實地論析因陸氏所激，其學之末流或可犯之弊端。黃宗羲在著述之時，卻對此說似有微詞。蔡清無有立門黨之意，更不願陷入毀譽之糾紛。〈讀蜀阜存稿私記〉一文之本意，或因宗羲之省文及其他原因而有所改變。當然，既是「語要」，就需適度的裁剪。但爲求簡練而刪去一些看似多餘的語句或虛詞，句子的語調便不盡相同，作者的情調也可千差萬別。學術疑似之辨，不單是看學者講了什麼，也須知他如何闡述，方盡可能免去理解上的誤差。有鑑於此，本章爬梳蔡清之著作，以考核黃宗羲《明儒學案》中所錄之節文和蔡清原文之間的異同情況。比勘結果列於附表。

校勘後發現，黃宗羲所載錄的蔡清「語要」，皆取自其《虛齋蔡先生文集》，而「省身法」原文則見於蔡清的《艾庵密箴》，故本章采蔡清《艾庵密箴》爲比勘文本。〔註 84〕《明儒學案》和《虛齋蔡先生文集》的版本，上文已示。由附件中的清單可見，除了上文所指出的蔡清對朱、陸之辨的看法和《明儒學案》節文之間的差異情況，黃宗羲在節錄蔡清的其他文字時，或有銜接文字及易字的情形，但大致上卻是無所更易的。在「語要」中的十八條文字裡，其中九條有易字刪節的情況，而較爲嚴重的也只有第 13 和第 18 條（即上文所示之〈讀蜀阜存稿私記〉）。第 13 條在《明儒學案》中作：「某今乞終養者，心有所不安也。凡心之所不安，便是天理之所不許，不若聽命於理，圖得心安之爲利也。」乞終養者，爲何會心有所不安？上下句前後不見端倪。蔡清的原文則清楚交代心產生不安的原因：「清今乞恩終養者，誠以父老身單而子幼，此目前當由之路，無容疑者，顧發之遲矣，發之遲者，私心牽之也。然雖牽於私而終不能安，既而思之，凡心之所不安，便是天理之所不許，不若聽命於理，圖得心安之爲利也。」據此，求乞終養本爲當然之舉，但若因私心而遲疑不發，則終究不能心安。可見黃宗羲省略了其中有關爲何心有所不安的講述。至於「省身法」的文字，黃宗羲概依《艾庵密箴》原文，無有多少改動。其間文字上的差異，像「省身法」的第 10 條中的「爾忘之乎」，《艾庵密箴》裡作「而忘之乎」，或爲手民失誤所致。但如「語要」中第 2 條文字裡的「人之眞，常見於飲食言動之末」，中華書局和二老閣、紫筠齋本皆以「語」字

〔註 84〕 〔明〕蔡清：《艾庵密箴；河洛私見；太極圖說》（據清乾隆七年〔1668〕蔡廷魁刻本影印），見《續修四庫全書》（上海：上海古籍出版社，1995 年），936：567～574。

代「動」字，此則如朱鴻林先生所言，乃緣於「中華書局徒用異本對校，未能取證於原書所引文集」，所以「各本相同之顯誤，亦未見有所訂正」。〔註85〕又中華書局本並未核對《明儒學案》中的引文之原文，此則或由於相信梨洲所言，「是編皆從全集纂要鉤玄，未嘗襲前人之舊本也」。〔註86〕

總而言之，由此校勘可觀察到《明儒學案》在史料選材與裁剪上的三個特點：

一、不錄明儒爲《四書》傳經注疏的文字

《明儒學案》中對蔡清的記錄，文字僅取自於蔡清的《虛齋蔡先生文集》和《艾庵密箴》。蔡清的《易經蒙引》和《四書蒙引》等書的內容，卻全不被引用收錄，儘管蔡清在這兩部書所費的工夫既長且久，而二書在當時甚至後世影響頗大。〔註87〕對於蔡清的介紹，爲何只采《虛齋蔡先生文集》和《艾庵密箴》的內容？黃梨洲在蔡清的敘傳中的結語處說道：「傳其學者，有同邑陳琛，同安林希元。其釋經書，至今人奉之如金科玉律，此猶無與於學問之事者也。」〔註88〕儘管至明末之士人仍奉蔡清的經書注疏爲圭臬，但他認爲蔡清訓釋經書無關乎學問之事。錢穆在《宋明理學概述》的例言中就有此說法：「大抵兩《學案》（《宋元學案》及《明儒學案》）以材料爲主，而其書則以各家思想之體系爲重。」〔註89〕依照《明儒學案》的選材取捨標準和著書

〔註85〕朱鴻林：《明儒學案點校釋誤》，頁3。

〔註86〕〔清〕黃宗羲：《明儒學案》，發凡，1：14。

〔註87〕像明代楊廉（1452～1525）就曾贊曰：「（虛齋）平生所志，惟在儒術，舉業理學，會萃爲一。《蒙引》之作，藩垣置筆，辯如江河，守則以訥。朱之於呂，嘗誄其歿。酷類成公，詞寡人吉。閩學中興，公多倡率。」見〔清〕李清馥：《閩中理學淵源考》，卷59，460：597。另外，《四書蒙引》提要謂：「清品行端粹，學術極爲醇正。此書本意雖爲時藝而作，而體味眞切，闡發深至，實足羽翼傳注，不徒爲舉業準繩。……其爲學人推重如此，與後來之剽掇儒先剩語以爲講章者，相去固天壤矣。」見《欽定四庫全書總目》，206：1～2。《易經蒙引》提要則稱：「是書專以發明朱子《本義》爲主，……，然實多與《本義》異同。……朱子不全從《程傳》，而能發明《程傳》者莫若朱子；清不全從《本義》，而能發明《本義》者莫若清。醇儒心得之學所由，與爭門户者異歟？」見《欽定四庫全書總目》，29：1～2。由此可見蔡清之兩部《蒙引》，非因循前儒成說，對聖學多有發明，甚爲學人所稱道。

〔註88〕〔清〕黃宗羲：《明儒學案》，卷46，〈諸儒學案上四・司成蔡虛齋先生清〉，2：1094。

〔註89〕錢穆：《宋明理學概述》，頁11。

關懷，《蒙引》二書雖爲蔡清「平生精力盡用之處」〔註90〕，但在黃宗羲看來，兩部《蒙引》或僅是講堂上備考的參考資料，並不是其學問和思想體系所在。《四書蒙引》是羽翼《朱子四書章句》的注疏，故黃梨洲認爲其內容非系蔡清本人之學問。這並不純屬揣測。事實上，黃宗羲曾多次對注疏事業表示不滿：

> 自科舉之業興，世不復知有書矣，六經子史亦以爲冬華之桃李，不適於用。先儒謂傳注之學興，蔓詞衍說，爲經之害，愈降愈下。傳注再變而爲時文，數百年億萬人之心思耳目，俱用於揣摩剿襲之中，空華臭腐。〔註91〕

梨洲指出先儒已經說明「傳注之學興」，則「蔓詞衍說」，而今「傳注再變而爲時文」，只能說是每下愈況了。學者認爲梨洲所謂的「揣摩剿襲」，是說「做學問無個性、無創造，只知道抄襲」，而「空華臭腐」是說「做學問脫離了經世致用的軌道」。〔註92〕

梨洲又說：

> 學莫先於立志。立志則爲豪傑；不立志則爲凡民。凡民之後興者，草上之風必偃耳。吾因而有慨，如洛閩大儒之門下碌碌，無所表見，僅以問答傳注，依樣葫蘆，依大儒以成名者，是皆凡民之類也。故吾讀宋之文集，遇此等便不欲觀。無奈世眼易欺，不敢置可否於其間，使此學日流於膚淺耳。〔註93〕

可見他認爲記誦詞章之學，徒爲空言，無關世道，即使傳注「四書」之學，也難免其所詬病。但值得注意的是，黃宗羲並非對朱熹的學問有甚批評。他說「吾因而有慨，如洛、閩大儒之門下碌碌，無所表見，僅以問答傳注，依樣葫蘆」，這說明他針對的是洛、閩大儒之餘裔，訶砭他們只知因循重複朱子成說。此極爲關鍵，因爲這說明梨洲的門戶觀念並非單純的朱、陸對立關係。誠如他在《明儒學案》的〈發凡〉中曾如此警惕讀者：「胡季隨從學晦

〔註90〕 〔清〕沈佳：《明儒言行錄》，頁851～852。

〔註91〕 〔清〕黃宗羲，沈善洪主編：《黃宗羲全集》（杭州：浙江古籍出版社，1986年），第10冊，〈傳是樓藏書記〉，頁136。

〔註92〕 朱義祿：〈黃宗羲對科舉制度的批評──兼論黃宗羲的學術民主思想〉，收入吳光主編：《黃宗羲與明清思想》（上海：上海古籍出版社，2006年），頁133～134。

〔註93〕 〔清〕黃宗羲：《黃宗羲全集·孟子師說（卷下）》（杭州：浙江古籍出版社，1986年），〈待文王章〉，1：151。

翁，晦翁使讀《孟子》。他日問季隨：『至於心，獨無所同，然乎？』季隨以
所見解，晦翁以爲非，且謂其讀書鹵莽不思。季隨思之既苦，因以致疾，晦
翁始言之。古人之於學者，其不輕授如此，蓋欲其自得之也。即釋氏亦最忌
道破，人便作光影玩弄耳。此書未免風光狼籍，學者徒增見解，不作切實工
夫，則義反以此書得罪於天下後世矣。」〔註94〕梨洲舉晦翁之言，認爲治學
應「本之自心」。他始終並無詆毀朱子學說之意，只是戒飭學者不得囿於前說
之藩籬，拘執於一先生之言。像他在〈顧憲成學案〉中，就有一小段文字足
示此意：

> 朱子云：「佛學至禪學大壞。」只此一語，五宗俱應下拜。（義謂至
> 棒喝而禪學又大壞。）〔註95〕

顧憲成（1550～1612）讚歎朱子之洞見令人折服，但梨洲則在默許之餘另批
註語，謂禪學在演變到「棒喝」時期又是大壞！可見他得到朱子的啓發，再
深入思量，發此精闢見解。顯然，他重視個人在學術思想上的創獲。此外，
朱子論學，自有令梨洲欣賞之處，如他在〈顧憲成學案〉中也選錄了這麼一
段話：

> 朱子之釋格物，其義甚精，語物則本諸「帝降之衷，民秉之彝」，夫
> 子之所謂「性與天道」，子思之所謂「天命」，孟子之所謂「仁義」，
> 程子之所謂「天然自有之中」，張子之所謂「萬物一原」。語格則約
> 之以四言：「或考之事爲之著，或察之念慮之微，或求之文字之中，
> 或索之講論之際。」蓋謂「內外精粗，無非是物，不容妄有揀擇於
> 其間」。又謂「人之入門，各各不同，須如此收得盡耳。」議者獨執
> 「一草一木，亦不可不理會」兩言，病其支離，則過矣。〔註96〕

顧憲成要指出的是，議者未審朱子釋格物之精義，反而執泥於釋義中的一二
語，斥其流於支離。但相信梨洲於此番論述中最屬意的當是朱熹的「人之入
門，各各不同，須如此收得盡耳」這一句話。《明儒學案》引錄斯言之原因或
正在此。前章已述及黃宗羲主張學術當各有門戶可入，此其所謂「殊途百慮
之學」，無有一定之說也。錢穆先生也嘗言：「梨洲雖承王學傳統，但不抹殺

〔註94〕〔清〕黃宗羲：《明儒學案》，發凡，1：15。
〔註95〕〔清〕黃宗羲：《明儒學案》，卷58，〈東林學案一‧端文顧涇陽先生憲成〉，2：
　　　　1389。
〔註96〕〔清〕黃宗羲：《明儒學案》，卷58，〈東林學案一‧端文顧涇陽先生憲成〉，2：
　　　　1385。

程、朱，故說：『理雖一，不得不殊』。」〔註97〕此處猶可見矣。因此，收錄顧氏褒獎朱子的這番言論，與其說梨洲欲記述顧氏評朱子論「格物」之當，毋寧謂是用以舉證朱子亦同意其門戶並立的主張。

要之，宗羲痛惜的是士子唯從朱子之傳注，其餘一概排斥不受，對心性之學又加以唾棄。此其「所謂此亦一述朱耳，彼亦一述朱耳」〔註98〕。直至黃宗羲晚年著《破邪論》，他都在表達對舉子只知埋頭於四書注疏的講章的不滿。他申訴說：「科舉之弊，未有甚於今日矣。余見高曾以來，為其學者，《五經》、《通鑒》、《左傳》、《國語》、《戰國策》、《莊子》、八大家，此數書者，未有不讀以資舉業之用者也。自後則束之高閣，而鑽研於《蒙》、《存》、《淺》、《達》之講章。又其後則以為氾濫，而《說約》（指鹿善繼（1575～1636）《四書說約》）出焉。又以《說約》為冗，而圭撮於低頭《四書》之上，童而習之，至於解褐出仕，未嘗更見他書也。」〔註99〕他針砭舉子唯讀「《蒙》、《存》、《淺》、《達》之講章」《蒙》、《存》、《淺》、《達》即發揮朱子思想的四部講章：蔡清的《四書蒙引》、林希元的《四書存疑》、陳琛的《四書淺說》和蘇浚的《四書達說》），對科舉之外的書籍一竅不通，只會不斷反芻一先生之言而無所發明。無怪乎《學案》不但不收錄《虛齋蔡先生文集》中蔡清發揮朱子學說的文字，反而在敘傳中，還特別指明蔡清自己能對《易》有所發明：「其《易》說不與《本義》同者，如卜筮不專在龜筮，取卜相筮占決疑為徵。又辯七占古法，皆佳論也。」〔註100〕梨洲除了激賞蔡清能不盲目蹈襲朱子之軌轍，也肯定他「不為訓詁支離所域」，且能「從訓詁而窺見大體」。〔註101〕這是蔡清異於一般墨守朱說之儒生的地方——即使學承朱子，也要闡發心得創見。由此可見，梨洲確實如前文所及，甚為強調學能「自得」。

〔註97〕錢穆：《中國史學名著》，頁 237。

〔註98〕〔清〕黃宗羲：《明儒學案》，卷10，〈姚江學案‧文成王陽明先生守仁〉，1：178。

〔註99〕〔清〕黃宗羲：《破邪論》，〈科舉〉，收入《續修四庫全書》，495：500。

〔註100〕〔清〕黃宗羲：《明儒學案》，卷 46，〈諸儒學案‧司成蔡虛齋先生清〉，2：1094。

〔註101〕《四庫》館臣對於蔡清的治學的看法和黃宗羲可謂相侔：「成化間，士大夫多空談理學，惟清篤實力行，能不為訓詁支離所域，……，及其釋《周易》時，於朱子之解意有未安者，又多所異同，不為苟合，是其識解通達，與諸儒之膠固執滯者不同。故其文章亦純厚樸質，言皆有物，雖不以藻彩見長，而布帛菽粟之言，殊非雕文刻鏤者所可幾。」見《虛齋集》提要，《欽定四庫全書總目》，1257：755b～756。

　　《學案》甚少收錄爲朱子《四書》傳經的注疏文字〔註102〕，固然是因爲宗羲重視「自得之學」，但其實也體現了他認爲有功於闡述聖學者，絕不限於朱子一家之言的主張。在〈文定張甬川先生邦奇〉的學案中，梨洲就作了這麼一段評傳：

> 陽明贈先生（張邦奇）序云：「古之君子，有所不知，而後能知；後
> 之君子，惟無所不知，是以容有不知也。」則先生當日固氾濫於詞
> 章之學者也。後來知爲己之功，以涵養爲事，其受陽明之益多矣。
> 謂載道之文，始於六畫，大備於周、程、朱子之書，莫非是道之生
> 生而不已也。由博文之學，將溯流而求源，舍周、程、朱子之書，
> 焉適哉？今之爲異論者，直欲糟粕《六經》，屛程、朱諸子之說，置
> 而不用，猶欲其通而室之窒也。所謂異論者，指陽明而言也。夫窮
> 經者，窮其理也，世人之窮經，守一先生之言，未嘗會通之以理，
> 則所窮者一先生之言耳。因陽明於一先生之言，有所出入，便謂其
> 糟粕《六經》，不亦冤乎？此先生爲時論所陷也。〔註103〕

宗羲先批評張邦奇（1484～1544）受「時論所陷」，只緣陽明之學異於「一先生之言」，就對陽明學作出負面的評論，說陽明糟粕《六經》。宗羲認爲「窮經」乃是「窮理」，但「世人之窮經，守一先生之言，未嘗會通之以理」，最終「所窮者一先生之言耳」。宗羲選擇不收錄爲舉業服務的注疏文字，正表達了他不滿世人只「窮一先生之言」的立場。

二、載錄明儒對陸、王的批評並予以評駁

　　縱觀附表（見下文），可見《學案》對於蔡清其它的原文無多少重大的改動，宗羲的全副精神似集中在蔡清論陸象山就「偏安之業」一文上的裁剪。

〔註102〕〈給事中郝楚望先生敬學案〉中收錄了郝敬（1558～1639）的《四書攝提》
　　　　的文字。見〔清〕黃宗羲：《明儒學案》，卷 55，2：1320～1328。但其内容
　　　　並不屬訓詁傳經，而更多是個人閱讀心得。郝敬自序道：「余束髮受讀，晚從
　　　　管穴，窺一星之光，輒隨筆書記，久塵度閣。友人章晦叔取以編爲時習新知。
　　　　余畏聖人之言，別爲一箚，命曰《四書攝提》。蓋惟聖人爲能總攝羣言，提轄
　　　　百氏，予何人，斯敢以蟲鳴蠢午其間？惟是對揚光訓，俾昌俾熾，以宣佈於
　　　　無窮，所爲提斗攜角，以接於下者，則可謂云爾已矣。」見〔清〕朱彝尊：《經
　　　　義考》（北京：中華書局，1998 年），卷 258，頁 1298。
〔註103〕〔清〕黃宗羲：《明儒學案》，卷 52，〈諸儒學案中六・文定張甬川先生邦奇〉，
　　　　2：1221～1222。

秉著學者的「學術素養」，宗義對於自己所做出的論斷必定引述相關史料以作證據，故爲了顯示他對蔡清的評述信而有徵，便對〈讀蜀阜存稿私記〉的內容作了相當大的改動。

　　黃宗羲在〈蔡清學案〉如此糾結在蔡清對陸象山的評語，由此可見他對於明儒批評陸、王一事甚爲敏感。事實上，《學案》中就不乏宗義企圖駁正諸位明儒批評陸、王之學的言論。正因爲他維護陸、王學說之心甚爲殷切，宗義在選錄材料時別具用心，而非純粹針對案主的學術造詣。首先，以蔡清的私淑弟子張岳（1492～1552）〔註104〕在《明儒學案》中的學案爲例。梨洲就在其敘傳中，作此評語：

> 先生曾謁陽明於紹興，與語多不契。陽明謂公只爲舊說纏繞，非全放下，終難湊泊。先生終執先入之言，往往攻擊良知。其言：「學者只是一味篤實向裡用功，此心之外更無他事是矣。」而又曰：「若只守個虛靈之識，而理不明，義不精，必有誤氣質做性，人欲做天理矣。」不知理義只在虛靈之內，以虛靈爲未足，而別尋理義，分明是義外也。學問思辨行，正是虛靈用處，舍學問思辨行，亦無以爲虛靈矣。〔註105〕

黃宗羲顯然同意陽明的說法，認爲張岳偏執成見，未能體悟「良知」之精髓。他直接引述張氏之言論來辨析其說之紕僻。張岳認爲陽明「只守個虛靈之識，而理不明，義不精」，便容易恣妄以「人欲做天理」。他的批評實際上源於他所親睹的情況。他將社會風氣的敗壞歸咎於陽明學之盛行，並篤信昌明程、朱正學才能糾正時弊，而批判陽明學說也就成了他的使命。〔註106〕梨洲不單就張岳的學問做評述，而是試圖爲陽明昭雪，辯釋張氏「不知理義只在虛靈之內，而別尋理義」，說他不識「虛靈」之內涵，分「虛靈」與「義理」爲二，

〔註104〕張岳學宗程朱，但其學術活動時期乃陽明學說方盛之時，故他不畏強權，砥礪對抗，與王陽明辯難，不遺餘力，全面闡發朱子學之精義。詳見高令印，陳其芳：《福建朱子學》，頁318～335，尤其是頁320～334。《四庫》館臣亦謂：「史稱岳博覽，工文章，經術湛深，不喜王守仁學。今觀集中〈草堂學則〉及諸書牘內辨學之語，大都推闡切至，歸於篤實近裡。蓋有體有用之言，固與空談無根者異也。」見《小山類稿》提要，《欽定四庫全書總目》，1272：285b～286。另外，有關張岳的學術取向也可參見傅小凡，卓克華：《閩南理學的源流與發展》，頁195～225。

〔註105〕〔清〕黃宗羲：《明儒學案》，卷52，〈諸儒學案中六・襄惠張淨峰先生岳〉，2：1226。

〔註106〕高令印，陳其芳：《福建朱子學》，頁321。

實為差矣。黃宗羲進而不忘為其在敘傳中的議論，於學案中提供相關的文字材料，載錄了張岳的議論：「喜怒哀樂未發時，最好體驗，見得天下之大本，真個在此，便須莊敬持養。然必格物窮理以充之，然後心體愈明，應事接物，毫髮不差。若只守個虛靈之識，而理不明，義不精，必有誤氣質做性，人欲做天理矣。此聖賢之教，格物致知所以在誠正之先，而小學之教，又在格致之先也。」〔註107〕由於黃宗羲在敘傳中對王學的袒護，這直接影響了他在學案裡選錄材料的情況。這是顯而易見的。

　　但與此同時，黃宗羲的門戶立場也可以從他在個別學案中整體的選材情況顯露出來。這是他為奠立王學門戶而採取的較隱晦的做法。宗羲在張岳的學案裡載錄了張氏《雜言》的文字，如：「邵子曰：『先天之學，心學也，陰陽消長之理，吾心寂感之機。』妙哉！妙哉！胸中須是光光靜靜，流動圓轉，無一毫私意障礙，方與天地合一，萬事萬理，只要就心上體驗。」〔註108〕又如：「心之體固該動靜，而靜其本體也，至靜之中，而動之理具焉，所謂體用一源者也。先儒每教人主靜，靜中須有一個主始得」〔註109〕及「心才定，便覺清明，須是靜時多，動時少，雖動也，而心未嘗不靜焉，方是長進」〔註110〕等等。以上諸條的內容貌似陽明學說。宗羲特意選取了一連串張岳對於「心學」的發揮，其意為何？張岳固然否定王學，但依黃宗羲所引錄的文字而言，讀者不難發現張岳其實也有言近陸、王之說。宗羲以此證明陽明之學說並非離經叛道，實乃聖學下之一門戶。這正是他對材料的刻意取捨與精心鋪排。他有時也會在引錄的文字後下案語，指出宗朱學者雖苛責陽明學說為荒誕，卻又偶發與陽明相似之言論，同自己所持之說正相抵背，如：

> 聖賢千言萬語，無他，只教人求其放心而已。心才收斂，便覺定靜清明，然後讀書，講明義理，方有頓放處。若此心已先馳騖飛揚，不能自制，而血氣乘之以動，乍盈乍怯，乍作乍止，凡百所為，卒皆無成，其患有不可究言者已。（既知此，而猶以格物窮理在誠意之

〔註107〕〔清〕黃宗羲：《明儒學案》，卷52，〈諸儒學案中六・襄惠張淨峰先生岳〉，2：1237。

〔註108〕〔清〕黃宗羲：《明儒學案》，卷52，〈諸儒學案中六・襄惠張淨峰先生岳〉，2：1237。

〔註109〕〔清〕黃宗羲：《明儒學案》，卷52，〈諸儒學案中六・襄惠張淨峰先生岳〉，2：1237。

〔註110〕〔清〕黃宗羲：《明儒學案》，卷52，〈諸儒學案中六・襄惠張淨峰先生岳〉，2：1237。

先，何也？心不放，便是誠意。）〔註111〕

括弧裡的文字便是黃宗羲的意見。他認為張岳此段論述是指出希聖希賢者，首務在求放心，惟其收斂此心，格物窮理便有所安頓。黃宗羲說「心不放便是誠意」，然則張岳明知誠意先於格物，但卻以陽明之誠意在先為謬，不啻自相矛盾。再以〈蔡清學案〉言之，其材料雖皆取自《虛齋蔡先生文集》及《艾庵密箴》，但對於在文集中選擇哪些材料，黃宗羲也有他整體的考慮。他選錄了蔡清語近陸學的文字：「宇宙之間三不朽，身心之外悉皆虛，言出於爾，而忘之乎？爾今年幾何矣？」〔註112〕，還有「山居不欠薪，舟行不欠水，更有便於是，人心不欠理。吁嗟！人心兮不欠理，我欲仁，斯仁至。……」〔註113〕又「澄其心於淵瑩之天，奉其身於光明之地，言則無一字之遺，而亦無一字之贅，動則如萬鈞之弩，一發便中其機，會此，蓋古之人也。」〔註114〕宗羲刻意的選材，同樣是要說明蔡清對心學多有闡述，卻又批評象山之學。如此，經過宗羲篩選後收錄在學案中的史料便成了他捍衛王學的工具，而非以介紹明儒之學問梗概為唯一的編纂目的。

另外，像在〈崇仁學案四·太僕夏東岩先生尚朴〉也有類似情況：

> 王文成贈詩，有「含瑟春風」之句，先生答曰：「孔門沂水春風景，不出虞廷敬畏情。」先生傳主敬之學，謂「才提起便是天理，才放下便是人欲。」魏莊渠歎為至言。然而訾「象山之學，以收斂精神為主。吾儒收斂精神，要照管許多道理，不是徒收斂也。」信如茲言，則總然提起，亦未必便是天理，無乃自背其說乎！蓋先生認心與理為二，謂心所以窮理，不足以盡理。陽明點出「心即理也」一言，何怪不視為河漢乎！〔註115〕

夏東岩（1466～1538）鄙薄象山之學只徒收斂，而未能「照管許多道理」。黃宗羲振振有詞，以子之矛，攻子之盾，指出夏氏「自背其說」，使他對陸象山

〔註111〕〔清〕黃宗羲：《明儒學案》，卷52，〈諸儒學案中六·襄惠張淨峰先生岳〉，2：1238。

〔註112〕〔明〕蔡清：《艾庵密箴；河洛私見；太極圖說》（據清乾隆七年〔1668〕蔡廷魁刻本影印），見《續修四庫全書》，936：570。引文與原文文字稍有不同，參看附表。

〔註113〕同前注。

〔註114〕同前注，頁571。

〔註115〕〔清〕黃宗羲：《明儒學案》，卷4，〈崇仁學案四·太僕夏東岩先生尚朴〉，1：66。

的謗訾不攻自破。宗羲更由此牽扯到王陽明，認爲夏氏既不能理解象山之學的博大精深，則對於陽明之所悟又豈能窺得堂奧。在此，他也如同在〈蔡清學案〉一樣運用一貫的手法，在學案裡爲自己在敍傳中的評語提供了質證。他在夏東岩的學案中收錄了《夏東岩文集》中與敍傳的評述相關的文字：「象山之學，以收斂精神爲主，曰『精神一霍便散了』。楊慈湖論學，只是『心之精神謂之性』一句，此其所以近禪。朱子云：『收斂得精神在此，方看得道理盡。看道理不盡，只是不專一。』如此說方無病。」〔註116〕黃宗羲提供了這段引文，讀者自可以夏氏所言來衡量其對象山之學的判斷是否妥帖。總之，宗羲不虛發言論，在敍傳做任何評論，則會在學案裡收錄有關的論據。他一旦舉出案主對陸、王之學持有異議，就必定駁究到底，使對方的「謬論」徹頭徹尾地失去立足之地，其標的甚爲明確。故在此學案中，他也載錄了至少十條夏氏近乎陸、王言語的文字。除了敍傳中提到的「才提起便是天理，才放下便是人欲」，還有：「卓然豎起此心，便有天旋地轉氣象」〔註117〕、「學者涵養此心，須如魚之游泳於水始得」〔註118〕、「學者須收斂精神，譬如一爐火，聚則光焰四出，才撥開便昏黑了」〔註119〕，等等。黃梨洲並非隨意選錄這些內容。就如上文張岳及蔡清的學案的情況所言，本章推測宗羲收錄這些材料，意在說明宗朱學者之言論同樣也有近似陸、王「心學」之處，何故對陸、王卻加以鞭笞。有趣的是，宗羲在此學案也果不其然地在一大段引文之後，按捺不住心中的不平，質疑道：「此段（夏氏的言論）又與取足於吾心之良知者同，何其言之出入耶？」〔註120〕間中，他也毫不留情地直指夏氏的說法乖謬本義：「執中從事上說，故以爲用，謬甚。」〔註121〕

　　再者有徐問先生（生卒年不詳，1502 年進士）大肆批評王學爲流於老、

〔註116〕〔清〕黃宗羲：《明儒學案》，卷4，〈崇仁學案四・太僕夏東岩先生尚朴〉，1：69。

〔註117〕〔清〕黃宗羲：《明儒學案》，卷4，〈崇仁學案四・太僕夏東岩先生尚朴〉，1：66。

〔註118〕〔清〕黃宗羲：《明儒學案》，卷4，〈崇仁學案四・太僕夏東岩先生尚朴〉，1：66。

〔註119〕〔清〕黃宗羲：《明儒學案》，卷4，〈崇仁學案四・太僕夏東岩先生尚朴〉，1：67。

〔註120〕〔清〕黃宗羲：《明儒學案》，卷4，〈崇仁學案四・太僕夏東岩先生尚朴〉，1：70。

〔註121〕〔清〕黃宗羲：《明儒學案》，卷4，〈崇仁學案四・太僕夏東岩先生尚朴〉，1：70。

佛之空寂：

> 王氏之學，本諸象山緒餘，至今眩惑人聽，雖有高才，亦溺於此。
> 借如所稱「致良知」一句，亦只是《大學》「致知」二字，又上遺了
> 格物工夫，則所致者或流於老、佛之空寂，而於事物全不相干。故
> 其師友相承，率多誇大浮漫，而闊略於躬行之實力。且號於人曰：「是
> 能百世以俟聖人而不惑。」嗚呼！其可以欺天下後世哉？此意甚不
> 難知，尚有聰明堅持而不解者，抑亦道心不明，仁義否塞，而世道
> 汙隆之幾也。生竊憂之，而《讀書箚記》第二策，前實辟其說，蓋
> 以廣中侍讀黃才伯促而成之。其人持守端愨，蓋士林不易得者也。
> （〈答羅整庵先生〉）〔註122〕

對此，黃宗羲在徐問的敘傳中直言其失，並自信地指出徐氏對陽明的指摘根
本無法立足：

> 先生爲舊論纏繞，故於存養省察，居敬窮理，直內方外，知行，無
> 不析之爲二，所謂支離之學，又從而爲之辭者也。其《讀書箚記》
> 第二冊，單辟陽明，廣中黃才伯促而成之。嗚呼！其何損於陽明
> 哉！〔註123〕

宗羲認爲徐問「爲舊論纏繞」，卻還抨擊世俗承襲儀文者「只管從時徇俗」，「尋
不出眞實辭讓禮來」。〔註124〕在他看來，徐問恪守一家之學，獨習成說舊論，
不啻自背其論，荒謬至極。宗羲回護陸、王之盛情溢於言表。另一方面，他
並未抨擊程、朱學說本身。如此看來，學案中所引錄的文字或多爲其門戶共
存的申求服務。據此，我們在參考是書時不僅當抱有更謹慎的態度，對於明
儒的學術特點或成就，或許不能拘執於《明儒學案》之說，以爲定論。

三、塑造白沙之學上承象山下啓陽明的印象

　　毋庸置疑，依照黃宗羲節選蔡清〈讀蜀阜存稿私記〉一文的情況看來，

〔註122〕〔清〕黃宗羲：《明儒學案》，卷52，〈諸儒學案中六‧莊裕徐養齋先生問〉，
　　　　2：1252～1253。

〔註123〕〔清〕黃宗羲：《明儒學案》，卷52，〈諸儒學案中六‧莊裕徐養齋先生問〉，
　　　　2：1240。

〔註124〕黃宗羲在徐問的學案裡收錄了以下一段文字：「世俗上下相接之間，一套儀
　　　　文，皆所謂非禮之禮矣。蓋其中無主，只管從時徇俗，又爲利害誘奪，不能
　　　　自信，隨氣盈歉，遂以成習，所以中間尋不出眞實辭讓禮來。」見〔清〕黃
　　　　宗羲：《明儒學案》，卷52，〈諸儒學案中六‧莊裕徐養齋先生問〉，2：1245。

省文呈現出蔡清是有意論陸象山守「偏安之業」的錯誤印象。梨洲通過對史料剪裁的手段來證實蔡清既不懂得陸象山的學問之高深，其景仰白沙一事便如同虛設。這除了削弱了蔡清鑒別知人的能力，更促成一種印象的形成，即宗尚朱子的蔡清始終不能真知白沙。換言之，在宗羲的牽引下，白沙之學儼然變成承續陸學而來。宗羲也就在這樣的關聯下順勢把陳白沙併攏到陸象山心學旗下。他裁剪及鋪排史料之功足見一斑。

　　相似的情況也在上述的〈夏東岩學案〉中出現。梨洲選錄了夏氏議論陳白沙學問的文字，通過臚列宗學朱子的明儒對白沙學說的非議，刻畫出白沙和程、朱之學本不相屬的印象，儘管白沙本身未嘗同程、朱之學作甚明確的切割。以下三條文字是《學案》收錄夏東岩對白沙之學的指摘：

> 白沙云：「斯理也，宋儒言之備矣，吾嘗惡其太嚴也。」此與東坡要與伊川打破敬字意思一般，蓋東坡學佛，而白沙之學近禪，故云爾。然嘗觀之，程子云：「會得底，活潑潑地；不會得底，只是弄精神。」又曰：「與其內是而非外，不若內外之兩忘，兩忘則澄然無事矣。」又曰：「必有事焉而勿正，心勿忘，未嘗致纖毫之力，此其存之之道也。」朱子云：「才覺得間斷，便已接續了。」曷嘗過於嚴乎？至於發用處，天理人欲，間不容髮，省察克治，不容少緩，看〈二典〉、〈三謨〉，君臣互相戒敕，視三代為尤嚴，其亦可惡乎？〔註125〕

又

> 近世論學，直欲取足吾心之良知，而謂誦習講說為支離。率意徑行，指凡發於粗心浮氣者，皆為良知之本然。其說蔓延，已為天下害。揆厥所由，蓋由白沙之說倡之耳。〔註126〕

又

> 聖賢之訓，明白懇切，無不欲人通曉。白沙之詩，好為隱奧之語，至其論學處，藏形匿影，不可致詰。而甘泉之《注》，曲為回互，類若商度隱語，然又多非白沙之意。詩自漢、魏以來，至唐、宋諸大家，皆有典則。至白沙自出機軸，好為跌宕新奇之語，使人不可追

〔註125〕　〔清〕黃宗羲：《明儒學案》，卷4，〈崇仁學案四·太僕夏東岩先生尚朴〉，1：67。

〔註126〕　〔清〕黃宗羲：《明儒學案》，卷4，〈崇仁學案四·太僕夏東岩先生尚朴〉，1：70。

逐，蓋本之莊定山，定山本之劉靜修，規模意氣絕相類，詩學爲之
大變。獨〈古選和陶〉諸作近之。〔註127〕

以上諸條皆夏氏批評白沙發辭偏宕，教人誤入禪門歧途。最後，黃宗羲更在
此學案中引錄了夏東岩〈讀白沙與東白論學詩〉裡的十三條文字，如：「渺哉
一勺水，積累成大川。亦有非積累，源泉自涓涓。」（天下之事，未有不由積
累而成者。孔子志學以至從心，孟子善信以至聖神。朱子曰：「予學蓋由銖累
寸積得之。」又云：「予六十一歲方理會得，若去年死也枉了。」今謂不由積
累而成，得非釋氏所謂「一超直入如來地」耶？）〔註128〕括弧內的評語乃夏
氏所言。白沙通過對自然環境中所得的體悟，認爲事物有由積累而成，也有
由非積累而成者。夏尚朴卻要堅持天下之事盡是靠積累而得。〔註129〕觀夏氏
針對白沙治學上所作的評騭，可知陳白沙之學問，終究絕非倚重程、朱的夏
東岩所喜，而黃宗羲對於夏氏責斥陳白沙的評論，卻全不做回應或辯駁。無
獨有偶，其旨不外乎說明白沙既然不得程、朱流裔的肯定，則其非朱學體系
下之一員便自不待言。

綜上所論，黃宗羲的門户觀的確對於他篩選、裁剪及鋪排材料起著不可
忽視的作用。他直接改動了蔡清的原文內容，又直言不諱，指出蔡清論陸象
山就「偏安之業」的「謬誤」，使其無故蒙上汙點。黃宗羲身爲亡國遺民，也
深知懸空泛論心體之弊害，理應更能體會蔡清的關懷，但他卻盡略之而終究
在「偏安之業」數語上借題發揮。雖然他也曾力挽狂瀾，將王陽明致良知所
側重的行事復推之於學問，但他仍是「重於心體」來「引申出博學宗旨」
的。〔註130〕梨洲主張「修德而後可講學」〔註131〕。對他而言，修德與博學有

〔註127〕〔清〕黃宗羲：《明儒學案》，卷4，〈崇仁學案四·太僕夏東岩先生尚朴〉，1：72～73。

〔註128〕〔清〕黃宗羲：《明儒學案》，卷4，〈崇仁學案四·太僕夏東岩先生尚朴〉，1：72～78。

〔註129〕關於夏尚朴對陳白沙的批評，章沛作了一些觀察：「白沙認爲，要使一個人創造性地去行動思維，首先要在思想上去解決問題；而夏尚朴則要從許多拘束上，規矩上去規範，這樣來養成習慣。」章氏也提出夏尚朴的批評大致上是源於他沒弄懂白沙的原意，誤解了白沙。詳見章沛：《陳白沙哲學思想研究》，頁256～260。

〔註130〕錢穆：《國學概論》，頁248。

〔註131〕〔清〕黃宗羲：《明儒學案》（北京：中華書局，1985年10月第1版），〈黃梨洲先生原序〉，頁9。按：此序（原見紫筠齋刊本）不見於2008年1月第2版，2010年8月北京第4次印刷本。

輕重前後之分，而把握性理大本是最爲關鍵的，博學及反身力踐不外爲此服
務，以涵養氣質之工夫爲實爲重，以義理本體之論爲虛爲輕。〔註132〕他推重
的始終是可上溯陸象山〔註133〕，由陳獻章開啓，最終以王陽明集大成的心
學。〔註134〕故蔡清評論象山守偏安之業，對於學宗陽明的黃宗羲〔註135〕來
說，恐被視爲輕藐其門戶之舉。他說蔡清「未能眞知陳白沙」，或因其門戶之
見所致。此即前章舉《四庫全書提要》所言：《明儒學案》具明代「門戶之餘
風，非專爲講學設也」。〔註136〕而《四庫》館臣謂「宗羲生於姚江，欲抑王
（陽明）尊薛（瑄）則不甘，欲抑薛尊王則不敢，故於薛之徒陽爲推重而陰
致微詞，於王之徒，外示擊排而中存調護」。〔註137〕觀於〈蔡清學案〉，可謂
至論。

附　表

　　《明儒學案》與蔡清原書文字別異之處，以圓括號（　）標示《明儒學
案》刪節的字，以方括號〔　〕標示《明儒學案》增字，最後以花括弧｛　｝
標示《明儒學案》和蔡清原文的異字。黑體字部分則爲《明儒學案》所節
錄。凡差異屬異體字、通用字、俗體字，不特別標出。表中左欄爲《明儒
學案》文字，右欄爲蔡清原文。「語要」的部分，蔡清原文的每一條文字之
上，列明文字在原書的出處。若兩處文字無差別，則以☑的符號標示，反之
則用☒的符號標示。表中隨文指出差異之處，次序則按差異在條文中出現的
先後。

〔註132〕錢穆：《國學概論》，頁248～249。
〔註133〕陳白沙論善學聖學者時，就頗有肯定陸象山之意。其謂周子〈太極圖說〉：
　　　　「聖人定之以中正仁義而主靜。問者曰：『聖可學歟？』曰：『可。』『孰爲
　　　　要？』曰：『一爲要。一者，無欲也。』」《遺書》云：「不專一，則不能直遂；
　　　　不翕聚，則不能發散。見靜坐而歎其善學，曰：『性靜者，可以爲學。』」二
　　　　程之得於周子也，朱子不言有象山也。此予之狂言也。」見〔明〕陳獻章撰，
　　　　孫通海點校：《陳獻章集》，卷4，〈書蓮塘書屋冊後〉，1：65。
〔註134〕見〔清〕黃宗羲：《明儒學案》，卷5，〈白沙學案〉，1：80。「故有明儒者，
　　　　不失其矩矱者亦多有之，而作聖之功，至先生（陳白沙）而始明，至文成（王
　　　　陽明）而始大。向使先生與文成不作，則濂、洛之精蘊，同之者固推見其至
　　　　隱，異之者亦疎通其流別，未能如今日也。」
〔註135〕「黃宗羲於明儒最尊陽明。……」見錢穆：《中國近三百年學術史》，頁27。
〔註136〕《明儒學案》提要，見《景印欽定文淵閣四庫全書》，457：2。
〔註137〕《明儒學案》提要，見《景印欽定文淵閣四庫全書》，457：2。

司成蔡虛齋先生清

蔡清，字介夫，號虛齋，福之晉江人。屢脆骨立，而警悟絕人，總發盡屈其師。裹糧數百里，從三山林玭學《易》，得其肯綮。成化丁酉，鄉書第一。又三年，登進士第。授禮部主事。王端毅為冢宰，改吏部。丁母憂。服除，還禮部，轉南京文選司郎中，以終養歸。起為江西提學副使，為甯庶人所不喜，終不肯輕屈，疏乞致仕。逆瑾亂政，仿蔡京召龜山故事，起南京祭酒，而先生已卒，正德三年十二月也。年五十六。

先生平生精力，盡用之《易》、《四書》蒙引〔註138〕，璽絲牛毛，不足喻其細也。蓋從訓詁而窺見大體。其言曰：「反復體驗，止是虛而已。蓋居常一念及靜字，猶覺有待於掃去煩囂之意。唯念個虛字，則自覺安便。目前縱有許多勞擾，而裡面條路元自分明，無用多費力，而亦自不至懶惰也。」觀於此言，知不為訓詁支離所域矣。其《易》說不與《本義》*同者，如卜筮不專在龜筮，取卜相筮占決疑為徵。又辯七占古法，皆佳論也。羅整庵曰：「蔡介夫《中庸蒙引》論鬼神數段極精，其一生做窮理工夫，且能力行所學，蓋儒林中之傑出者。」先生極重白沙，而以新學小生自處，讀其〈終養疏〉，謂「{鈔}讀之餘，揭蓬一視，惟北有斗，其光爛然，可仰而不可近也。」其敬信可謂至矣。而論象山，則猶謂「未免偏安之業」。恐亦未能真知白沙也。傳其學者，有同邑陳琛，同安林希元★。其釋經書，至今人奉之如金科玉律，此猶無與於學問之事者也。

摘自《虛齋蔡先生文集》卷二〈與黃德馨書〉（頁118）（全文見「語要」欄A12）

出自[明]羅整庵：《困知記》卷下
「蔡介夫《中庸蒙引》論鬼神數段極精，其一出者。」

見《虛齋蔡先生文集》卷二〈淮上與周公載員外書〉（頁165～167）
「所借來陳石齋先生〈乞終養疏〉及彭方伯所寄來東，昨夕已於燈下各錄出一通。蓋清自南來所得今世文字，未有若此者，正氣之英華自是與尋常藻繪者不同。新學小生偶從執事得此，知賜矣。疏中有云：『內無攻心之疾，則外無從事之難。』清愚，竊以為此語當不止為其一身之事發也，意此老年來所以遲回顧惜此一進者，其特以此耶？然即此只語，儻留聖心，則其所關係補益，似亦未可以計量也。彭公之

〔註138〕按：此處實指蔡清《易經蒙引》和《四書蒙引》兩書。中華書局本標點作《易》和《四書蒙引》，誤。

* 中華書局 1985 年本「本義」未加書名號，朱鴻林釋誤云：「『本義』指朱子《易本義》，二字當加書名號。」〔註 139〕 * 中華書局 2008 年本「林希元」後下逗號，不確，當下句號。下逗號，則下文所指的經書注釋或爲陳琛與林希元所作。然而，明末儒者奉爲金科玉律者乃蔡清之《四書蒙引》與《易經蒙引》。	書謂國家無負臣下，臣下當無負國家，此眞知念國家者之言，抑可爲凡百有位之通箴也。至謂識得破時，三公九卿、山夫野老一也。噫！公惟有此挾負，此其所以處進退利害恩怨之間，脫灑自在。凡百任之傍人，窺視未見其隙也。清因便聊一奉質於高明，惟裁教乃幸。唐李文公謂：『鸞鳳之音，自不得不鏗於燕雀。』今觀二公之文若此，然本二公之素所取重於天下者，元不以文也，李公之言於是益信。客舟燈下，{抄}讀之餘，**揭蓬一視，惟北有斗，其光爛然，可仰而不可近也**。恃知及此，不覺狂率。」
A 語要	
《明儒學案》	《虛齋蔡先生文集》
A1 四肢百體，身之膚殼也，愚惡者所均有也。心術言行，身之精也，思齊賢者所致力也。於此而不致其力焉，是無身也，所存者膚殼焉而已矣。多言何爲？	卷一〈自箴十四條〉（頁 54、55） A1☑ 四肢百體，身之膚殼也，愚惡者所均有也。心術言行，身之精也，思齊賢者所致力也。於此而不致其力焉，是無身也，所存者膚殼焉而已矣。多言何爲？
A2 人之眞，常見於飲食言{語}*之末，因仍造次之間，故君子愼獨，除邪之根也，不然畢露矣。 * 二老閣本、紫筠齋本及中華書局本「語」皆「動」。	卷一〈自箴十四條〉（頁 55） A2☒ 人之眞，常見於飲食言{動}之末，因仍造次之間，故君子愼獨，除邪之根也，不然畢露矣。
A3 虛而一盡矣。	卷一〈自箴十四條〉（頁 56） A3☑ 虛而一盡矣。
A4 最要靜。愈靜愈靈。	卷一〈自箴十四條〉（頁 56） A4☑ 最要靜。愈靜愈靈。
A5 天地所以長久者，以其氣運於內而不泄耳，故仁者靜而壽。天下事，斷*非浮躁者所能完也。	卷一〈自箴十四條〉（頁 56） A5☑ （蓋聞）天地所以長久者，以其氣運於內而不泄耳，故仁者靜而壽。天下事，斷非浮躁者所

〔註 139〕朱鴻林：《明儒學案點校釋誤》，頁 279。

* 中華書局 1985 年本作「天下事斷，非浮躁者所能完也」，朱鴻林釋誤云：「『斷』字當屬下句。『斷非』猶云『決非』。按：《萬有文庫》本及世界書局本二句連讀，差可。」〔註140〕	能完也。
A6 分陰不惜，學力不充，當事臨疑，口耳無所歸，手足無所措。前輩云：皋、夔、稷、契何書可讀？蓋此數公者，雖未嘗讀書，亦未嘗不窮理也。窮理力行以致用，學之為道，何以加此？吾嘗見有胸富萬卷，筆下如流，而實於其身不得幾字受用者，則學其可不擇術哉！使皋、契生今世，吾知其自不能已於讀書，但讀之得[其]術耳。	卷一〈自箴十四條〉（頁 56） A6☑ 分陰不惜，學力不充，當事臨疑，口耳無所歸，手足無所措。 • 此處下文當作「不學無術之弊，至於赤族」，然黃宗羲刪之而另取《虛齋集》卷一〈書戒五條〉中之文續之。此兩條意旨不一而連為一條，其故不知為何。 卷一〈書戒五條〉（頁 57、58） A6☒ 前輩云：皋、夔、稷、契何書可讀？蓋此數公者，雖未嘗讀書，亦未嘗不窮理也。窮理力行以致用，學之為道，何以加此？吾嘗見有胸富萬卷，筆下如流，而實於其身不得幾字受用者，則學其可不（務）擇術哉！使皋、契（輩）生今世，吾知其（亦）自不能已於讀書，但（其）讀之得術耳。 • 省文。
A7 每讀書時，輒有欲取而用之之心，則亦何必多為也？然既有是心，則又自不容不多矣。	卷一〈書戒五條〉（頁 58） A7☑ 每讀書時，輒有欲取而用之之心，則亦何必多為也？然既有是心，則又自不容不多矣。 • 此句在〈書戒五條〉中，乃書於上句「前輩云……」之後。
A8 天地人物，欛柄皆在靜上。	卷一〈寄張廷實書〉（頁 66-68） A8☑ （別吾廷實久矣，得緝熙先生傾欵，連日私以為天餉也。翌旦且復西東，敬就燈下索筆，附上愚見一二代面論，因便示正，幸也。向日所寄宋地官來華翰，及次韻白沙老先生諸詩已領，感佩，感佩！

	人之一身亦微矣，而充其能事，直至於與天地參者。 子在齊聞韶，三月不知肉味。且看聖人是什麼樣下工夫，我輩尚何以自諉乎？ 每讀書時，輒有欲取而用之之心，則亦何必多爲也？然既有此心，則自不容不多矣。*） **天地人物，櫺柄皆在靜上。** （道學乃造化元物也，故靈。 透地穿天木石眼，經邦濟世水雲身。 心當靜極天機現，氣到完時鬼力隨。） * 此句內容亦出現在上文，載於〈書戒五條〉。
A9 心當靜極天機{見}，氣到完時鬼力隨。	卷一〈寄張廷實書〉（頁66～68） A9☑ （別吾廷實久矣，得緝熙先生傾歎，連日私以爲天餉也。翌旦且復西東，敬就燈下索筆，附上愚見一二代面論，因便示正，幸也。向日所寄宋地官來華翰，及次韻白沙老先生諸詩已領，感佩，感佩！ 人之一身亦微矣，而充其能事，直至於與天地參者。 子在齊聞韶，三月不知肉味。且看聖人是什麼樣下工夫，我輩尚何以自諉乎？ 每讀書時，輒有欲取而用之之心，則亦何必多爲也？然既有此心，則自不容不多矣。 天地人物，櫺柄皆在靜上。 道學乃造化元物也，故靈。 透地穿天木石眼，經邦濟世水雲身。） **心當靜極天機{現}，氣到完時鬼力隨。** •「見」「現」通。
A10 凡能爲百姓立久大之利者，類非作色於旦夕者所能也。	卷一〈贈鄭溫卿宰鄒平〉（頁68～70） A10☑ （虛心順理，毋激毋隨。凡弊事且先去其太甚者，使愛孚於下而敬不失其上，久之無不可爲之事矣。） **凡能爲百姓立久大之利者，類非作色於旦夕者所能也。** （學者平居常患不得行道，一旦得百里之邑，而君之多有不樂就之意，是皆欲一蹴到公卿者邪？安在其爲事道借曰：今之作縣實難，然賢

	公卿由此而出者多矣，謂非進德之地，其不可也。 夫自古卿相與草木同腐，或遺臭於世者何限，而卓魯輩乃僅以一縣令名萬世，其後來亦多至卿相。蓋其初心但知爲縣令，而不知有卿相也。辱誤愛索贈言，顧闇劣何以稱求益之盛心？適歸來，夜已深，得惠東云發行在明早。拙才匆遽不能成文，草草如拾碎耳。然何事於此，吾溫卿平昔所讀書多矣。）
A11 靜之一字，更須於動中驗之，動而不失其靜，乃爲得力，反復體驗，又止是虛而已。蓋居嘗一念及靜字，猶覺有待於掃去煩囂之意，唯念個虛字，則自覺安，便*目前縱有許多勞擾，而裡面條路元自分明，無用多費力，而亦自不至懈惰也。且靜亦須虛，方是靜本色，不然，★形靜而心鶩於外，或入於禪者何限？ * 中華書局本在「安」字後下逗號，誤，應在「便」字後斷句。 ★ 「不然」後當下逗號爲佳，中華書局本無之。	卷二〈與黃德馨書〉（頁 118、119） A11☒ （累承來書，知所以愛助我意甚厚，益友之言，豈可多得？吾雖未能盡行之，然不敢忘也。涉世甚難，蓄德宜豫。）靜之一字，更須於動中驗之，動而不失其靜，乃爲得力，反復體驗，又止是虛而已。蓋居常一念及靜字，猶覺有待於掃去煩囂之意，唯念個虛字，則自覺安便。目前縱有許多勞擾，而裡面條路元自分明，無用多費力，而亦自不至懈惰也。且靜亦須虛，方是靜本色，不然，形靜而心鶩於外，或入於禪者何限？（人心本是萬理之府，惟虛則無障礙，學問工夫，大抵只是要去其障礙而已。此言吾未能盡行之，但彷彿似有一二時襲得此光景者，或非意之來應之，若頗開暇至窹寐之際，亦覺有甜趣，故吾妄意虛之一字，就是聖賢成始成終之道。今且與足下一私講之，試訂其是否，人便可書復也。此等言語，足下只自知之。蓋吾平生行不掩其言，甚多工力未到，故態時發，則此等言語，祇爲人作口實笑謔耳。今歲科舉不知足下與仲殷得了此否？）
A12 人心本是萬理*之府，惟虛則無障礙，學問工夫，大抵只是要去其障礙而已。此言吾未能盡行之，但彷彿似有一二時襲得此光景者，或非意之來應之，若頗開暇至窹寐之際，亦覺有甜趣，故吾妄意虛之一字，就是聖賢成始成終之道。 * 二老閣本同中華書局本作「裡」。紫筠齋本同善本均作「理」。	卷二〈與黃德馨書〉（頁 118、119） A12☒ （累承來書，知所以愛助我意甚厚，益友之言，豈可多得？吾雖未能盡行之，然不敢忘也。涉世甚難，蓄德宜豫。靜之一字，更須於動中驗之，動而不失其靜，乃爲得力，反復體驗，又止是虛而已。蓋居常一念及靜字，猶覺有待於掃去煩囂之意，唯念個虛字，則自覺安便。目前縱有許多勞擾，而裡面條路元自分明，無用多費力，而亦自不至懈惰也。且靜亦須虛，方是靜本色，不然，形靜而心鶩於外，或入於禪

	者何限？）人心本是萬理之府，惟虛則無障礙，學問工夫，大抵只是要去其障礙而已。此言吾未能盡行之，但彷彿似有一二時襲得此光景者，或非意之來應之，若頗開暇至瘝痹之際，亦覺有甜趣，故吾妄意虛之一字，就是聖賢成始成終之道。（今且與足下一私講之，試訂其是否，人便可書復也。此等言語，足下只自知之。蓋吾平生行不掩其言，甚多工力未到，故態時發，則此等言語，祇爲人作口實笑譴耳。今歲科舉不知足下與仲殷得了此否？） • 差異殆因刻誤。
A13{某}今乞終養者，[心有所不安也。]凡心之所不安，便是天理之所不許，不若聽命於理，圖得心安之爲利也。 • 此句上下文語義似不完整，不甚明白。終養者所養何者？心會有所不安的具體原因爲何？觀原文則可知。	卷二〈與方石謝先生書〉（頁132～134） A13☒ （生曩歲因叔父睿貢書後，即奔母喪。到家又遭祖母喪，雖非承重喪門，未可即吉，故在家日久。既復京，又失長兒，尋改南京。數年間，憂患奔播，少有寧日，百事俱廢，故雖執事之門，亦久失於問候，所恃大賢汪度有以亮之於形跡之外。）{清}今乞（恩）終養者，（誠以父老身單而子幼，此目前當由之路，無容疑者，顧發之遲矣。發之遲者，私心牽之也。然雖牽於私而終不能安，既而思之）凡心之所不安，便是天理之所不許，不若聽命於理，圖得心安之爲利也。（昔人所謂樂志云者，疑亦文過之辭耳。愚意但自身處置得是，即是爲親也。又清自知從學失其術，垂老不得實用，故數年素餐，一績不立，使復遲一二載，或得循資少進，尤患所以立也。自以公既不能有益於時，私又背棄其親而圖計其外，不計其內，雖復生世百歲，祇益以負君親，故此舉必求成而後已，而亦不暇計親之養與其身之已老也。適得孫志同書，謂執事聞清此舉，始有惜清去之意，既而亦以歸養爲然。蓋執事之所以然清者，非人所能盡知矣，此即所以厚清也。志同素厚清，所厚必以正，此舉全賴其成就，尤見其不肯俗清也。清今既出漢西門，心始少安，自謂亦求以不負師友之一節也。因便輒吐其情，用申謝意。外此斯文之責，天下之事，其屬之執事者，計自有本末，有輕重，既到手時，必不放過矣。小子何知，述至人之望於執事者如此耳。） • 省文。

A14 昔人所謂樂志云者，疑亦文過之辭耳。愚意但自身處置得是，即是爲親也。	卷二〈與方石謝先生書〉（頁132～134） A14☑ （生曩歲因叔父睿貢書後，即奔母喪。到家又遭祖母喪，雖非承重喪門，未可即吉，故在家日久。既復京，又失長兒，尋改南京。數年間，憂患奔播，少有寧日，百事俱廢，故雖執事之門，亦久失於問候，所恃大賢汪度有以亮之於形跡之外。清今乞恩終養者，誠以父老身單而子幼，此目前當由之路，無容疑者，顧發之遲矣。發之遲者，私心牽之也。然雖牽於私而終不能安，既而思之，凡心之所不安，便是天理之所不許，不若聽命於理，圖得心安之爲利也。） **昔人所謂樂志云者，疑亦文過之辭耳。愚意但自身處置得是，即是爲親也。**（又清自知從學失其術，垂老不得實用，故數年素餐，一績不立，使復遲一二載，或得循資少進，尤患所以立也。自以公既不能有益於時，私又背棄其親而圖計其外，不計其內，雖復生世百歲，祇益以負君親，故此舉必求成而後已，而亦不暇計親之養與其身之已老也。適得孫志同書，謂執事聞清此舉，始有惜清去之意，既而亦以歸養爲然。蓋執事之所以然清者，非人所能盡知矣，此即所以厚清也。志同素厚清，所厚必以正，此舉全賴其成就，尤見其不肯俗清也。清今既出漢西門，心始少安，自謂亦求以不負師友之一節也，因便輒吐其情，用申謝意。外此斯文之責，天下之事，其屬之執事者，計自有本末，有輕重，既到手時，必不放過矣。小子何知，述至人之望於執事者如此耳。） • 與上一條同出〈與方石謝先生書〉文字，《學案》分爲兩條截取。
A15 來書以有道二字相稱，爲之駭懼，或有誤以此二字加{某}者，雖其人甚的，{某}謝書亦不敢以此復之。先正嘗謂「願士大夫有此名節，不願士大夫立此門戶。」今襃名飾字以相爲*重，便是標門{標}戶矣。 * 二老閣本同中華書局本無「爲」字。紫筠齋同善本均有。	卷二〈復鄭廷綱提學書〉（頁176、177） A15☒ （累承顧惠，感荷殊深。昨行又辱華翰並厚儀，益增感荷。教條一編，敬已披閱終卷。清之愚於是開益多矣。翰中末段所論，自當體悉來指。昨以紙筆不便，故稽緩計在，情照不備。 又 生清又言，清近見士大夫往）來書（翰，有）以「有道」二字相（襃）稱（者，清愚未嘗不心）爲之駭懼，或有誤以此二字加{清}者，雖

<table>
<tr>
<td></td>
<td>其人甚的，{清}謝書亦不敢以此復之。先正嘗謂「願士大夫有此名節，不願士大夫立此門戶。」今（或）襃名飾字，以相爲重，便是（互相）標門{別}戶矣。（夫君子豐於實、儉於名者，非但自待之法，亦推心以厚知己之道也。況如清者，愚下最甚，百短之中或得一二僅可處。誤愛者遽借之以美字語云，將如後患何？故今謝東亦自不欲出此二字，回奉非敢畧也。固知老先生意在誘進後生輩，然此意亦非所以爲尊者復也。惟希俯諒。）

• 省文。

• 以「某」代「清」（蔡清），又刪去「清愚未嘗不……」及「今或襃名飾字」中的「或」字，原文之委婉語氣盡失。</td>
</tr>
<tr>
<td>A16　心固主思，然思之太迫促，亦反爲逆其心。天之本然，而不免迷墜瞀[亂]*於眼前矣。

* 中華書局本作「不免迷墜瞀亂於眼前矣」。二老閣本、紫筠齋本同善本皆無「亂」字。</td>
<td>卷二〈與徐大參書〉（頁181、182）

A16☒

（生以十三日發洪塘，今日抵滄峽。臨行間，極辱教愛，感佩何量。所歉者，克治不勇，恐他日見公猶復是故時人爾。雖然，敢不勉諸承教？來途中，稍把鄙懷放寬著，亦覺有一二意會處。大抵）心固主思，然思之太迫促，亦反爲逆其心。天之本然，而不免迷墜瞀於眼前矣。（鄭仲平爲人，果士類中之難得者，其志操剛，剛故能有立，而又安詳不暴，清不能及也。今之科舉之士，志不在溫飽，而又不汲汲於名者，以生所見，或未有過之者也。此後又得老先生振作之，將來必大段有成就矣。又如汀州賴友先者，清猶只見其文耳，然因其文，亦可以占其人品之大畧。天地間善類，亦不可多得。清故私拳拳云。）

• 省文。</td>
</tr>
<tr>
<td>A17　天下未有無根之木，無源之水，未有無祖宗父母之人。人身不能頃刻而離乎祖宗父母，人心不可頃刻而忘乎祖宗父母。心而忘乎祖宗父母，是木之斷其根，水之絕其源者也，縱不旦夕死滅，亦禽獸中之頑賊者矣。天下未有忘祖宗父母而能趨生路者也，未有不忘祖宗父母，而肯置其身不善者也。</td>
<td>卷四〈警念〉（頁332）

A17☒

天下未有無根之木，（未有）無源之水，未有無祖宗父母之人。人身不能頃刻而離乎祖宗父母，人心不可頃刻而忘乎祖宗父母。心而忘乎祖宗父母，是木之斷其根，水之絕其源者也，縱不旦夕死滅，亦禽獸中之頑賊者矣。天下未有忘祖宗父母而能趨生路者也，未有不忘祖宗父母，而肯置其身不善者也。

• 省文。</td>
</tr>
</table>

A18 宋理學大明，至朱子與陸子，俱祖孔、孟，而其門戶乃不盡同。先生之學，則出自慈湖，而宗陸氏者也。其議論有曰：「毫分縷析較便宜，若個便宜總不知。總是自家家裡事，十分明白十分疑。」此先生之學也，正所謂德性工夫居多者也。其論詩曰：「詩成正是不因題，看取風人發興時。語到口頭無可奈，未須搜擾苦吟詩。」則先生之詩，可知其高矣。其論文曰：「不為世態酬濡，不受古人繩束，卷舒出沒如朝霏暮雲，始筆下有自然風味。」則先生之文，可知其高矣。蓋其在萬山中玩心，高明有日，是以其言論概以六經為吾心注腳，每有引而不發之意，軒然霄漢之上，俯視萬有，無一足嬰其懷者，此可見陸學未盡符於大中至正之矩。使當日得究其用，恐於開物成務之實，終必有疏處。苟其疏也，則其所自受用，亦恐其不覺而近於佛、老。噫！千聖相傳家法，類皆自博至約，而一敬以成其終始。陸學固不可謂不主敬者，而稍墜於徑約。既失之徑約，則其心宜不周於細微，而其弊容可遏乎？自古高明之士，往往有此。在孔門，則曾點之徒是已。集中屢屢以夫子「欲無言」為說，{因數貢之多言}，愚以為安知非發於子貢「多學而識之」[之]後，學將有得之日乎？故嘗謂自其次致曲以下，無仰鑽瞻忽之勞，則卓爾之見或非真無，*隨事精察力行之功，則一貫之命，必不泛及。夫道也者，平平正正，使高明者不得以獨騖，其下者可以企及，然後為中庸，而可以主張乎皇極，詎容一毫有我於其間哉？此正統所以獨歸朱子，而陸氏所就，猶未免為偏安之業也。[〈讀蜀阜存稿私記〉]。

卷四〈讀蜀阜存稿私記〉（頁358～361）
A18図

（竊惟先天地而始，後天地而終，一道耳。道一，則其說不容有二。）宋理學大明，至朱子與陸子，俱祖孔、孟，而其門戶乃不盡同。先生之學，則出自慈湖（楊先生敬仲），而宗陸氏者也。其議論有曰：「毫分縷析較便宜，若個便宜總不知。總是自家家裡事，十分明白十分疑。」此先生之學也，正所謂尊德性工夫居多者也。（故）其論詩曰：「詩成正自不因題，看取風人發興時。語到口頭無可奈，未須搜擾苦吟詩。」則先生之詩，可知其高矣。其論文則曰：「不為世態酬濡，不受古人繩束，卷舒出沒如朝霏暮雲，始筆下有自然風味。」則先生之文，可知其高矣。（嗚呼！亦一世之人豪哉！）蓋其在萬山中玩心，高明有日，是以其言論綮以六經為吾心注腳，每有引而不發之意，（而其興之所適，）軒然霄漢之上，俯視萬有，若無一足嬰其懷者，此可以見陸學之未盡符於大中至正之矩。使當日得究其用，恐於開物成務之實，終必有疎處。苟其疎也，則其所自受用，亦恐其不覺而近於佛、老。（此朱子之於陸氏，所以每欲周旋以補其欠，而不得苟同焉者也。）噫！千聖相傳家法，類皆自博之約，而一敬以成其始終。陸學固不可謂不主敬者，而稍墜於徑約。既失之徑約，則其心宜不周於細微，而其弊容可遏乎？自古高明之士，往往有此。在孔門，則曾點之徒是已。（夫子所以欲歸而裁之也。載觀）集中亦屢屢以夫子「欲無言」（之類）為說，{先生固亦知夫子斯言為子貢多言設矣}，（然）愚以為又安知其非發於子貢「多學而識之」後，學將有得之日乎？故嘗謂自其次致曲以下，無仰鑽瞻忽之勞，則卓爾之見或非真；無隨事精察力行之功，則一貫之命，必不泛及。（考之先生所自敘，亦未始不自博中得之也。）夫道也者，（萬世無弊，考諸三王而不謬，建諸天地而不悖，質諸鬼神而無疑，百世以俟聖人而不惑。）平平正正，使高明者不得以獨騖，而其下者可以企及，然後為中庸，而可以主張乎皇極，詎容一毫有我於其間哉？（故曰：聖人之言遠如天，近如地；遠如天，遠之至也；近如地，近之至也。能遠者不能近，能近者不能遠，能遠

* 中華書局本標點有誤，上文已示。	而又能近，能近而又能遠，此所以爲中也，此所以爲極也，）此（吾道）正統所以（卒）獨歸之朱子，而陸氏所就，猶未免爲偏安之業也。（細推其故，陸氏毋亦有激於朱氏門下一二之支離文義，而不知反躬以踐其實者邪？第激於此，墜於彼，而或者爲之，危其流之亂眞耳。嗚呼！天地有常經，萬世有定論，一《蜀阜存稿》而其關涉得失有如此者。竊懼高明之士，或又激於文義之弊，耽其味而殉之，並其所長而失之也，故不得不一私記之。） • 此段文字刪潤的情況，詳見上文。

B 省身法

《明儒學案》	《艾庵密箴》
B1 風光月霽其心胸，海闊天高其器宇，鳳{毛}麟趾其威儀，玉振金聲其辭語。 * 二老閣本、紫筠齋本及中華書局本「文」皆作「毛」。	B1☒（頁 568） 風光月霽其心胸，海闊天高其器宇，鳳{文}麟趾其威儀，玉振金聲其辭語。 •「風文」即「鳳篆」，乃是對古文字的美稱，「麟趾」意指「高貴的行跡」，是「文」與「行」並舉爲其威儀。「鳳毛」可指人的華美風度。循文徵義，兩讀皆通。
B2 勸君莫著半點私，終無人不知；勸君莫用半點術，終無人不識。君不見巍巍溫公，律身嚴，與人忠，赤心質神明，素行孚狡童。	B2☒（頁 569） 勸君莫著半點私，（但著半點私，）終無人不知。勸君莫用半點術，（但用半點術，）終無人不識。君不見巍巍溫公，律身嚴，與人忠，赤心質神明，素行孚狡童。 • 此節亦載於《明儒言行錄》卷六（文字稍異）。原文如下： 勸君莫著半點私，但著半點私，終無人不知。勸君莫用半點術，但用半點術，終無人不識。君不見巍巍溫公，律身嚴，與人忠，赤心質神明，素行孚兒童。
B3 聖賢雖無心占便宜，終則盡天下便宜事都歸聖賢做了。彼凡計較目前便宜者，究竟都不得便宜矣。噫！向使王莽而肯爲周公，曹操而肯爲文王，亦孰得而御之？然惡木在先除根，彼其素所畜者危矣。噫！	B3☑（頁 569） 聖賢雖無心占便宜，終則盡天下便宜事都歸聖賢做了。彼凡計較目前便宜者，究竟都不得便宜矣。噫！向使王莽而肯爲周公，曹操而肯爲文王，亦孰得而御之？然惡木在先除根，彼其素所畜者危矣。噫！

B4 德之威人也，重矣哉！誠之鑒物也，豫矣哉！是皆不勞而得者也，故君子貴知務。	B4☑（頁569） 德之威人也，重矣哉！誠之鑒物也，豫矣哉！是皆不勞而得者也，故君子貴知務。
B5 必使小人不忍以其所爲，而疑我之爲之也，乃爲信於人。	B5☑（頁569） 必使小人不忍以其所爲，而疑我之爲之也，乃爲信於人。
B6 毋徒嘐嘐然曰：「古之人，古之人也。」*只似爾七八尺之身，即此目前一啓齒、一蹺足，皆道所存。 * 按：「毋徒嘐嘐然曰：『古之人，古之人也。』」典出《孟子·盡心下》。「古之人，古之人」當有引號。中華書局本無。	B6☒（頁569） **毋徒嘐嘐然曰：「古之人，古之人也。」只似爾七八尺之身。（毋徒嘐嘐然曰：「吾欲云云，吾欲云云」（闕字））即此目前一啓齒、一蹺足，皆道所存。**
B7 程先生每教人靜坐，李先生亦教人靜坐，以驗夫喜怒哀樂之未發時氣象爲何如。*此法可以養心，可以養氣，可以照萬物，而處之各得其宜，實得造化之機。 * 中華書局本「以驗夫喜怒哀樂之未發時氣象爲何如」句後加「？」，不當。	B7☑（頁569） 程先生每教人靜坐，李先生亦教人靜坐，以驗夫喜怒哀樂之未發時氣象爲何如。此法可以養心，可以養氣，可以照萬物，而處之各得其宜，實得造化之機。
B8 培夜氣，引旦氣，善用其氣，造化在我而已矣。	B8☑（頁569） 培夜氣，引旦氣，善用其氣，造化在我而已矣。
B9 莫虛勞著步，莫虛放出聲，久之自閒適，蕩蕩復平平。	B9☑（頁569） 莫虛勞著步，莫虛放出聲，久之自閒適，蕩蕩復平平。
B10 宇宙之間三不朽，身心之外悉皆虛，言出於爾，{爾}忘之乎？爾今年幾何矣？	B10☒（頁570） 宇宙之間三不朽，身心之外悉皆虛，言出於爾，{而}忘之乎？爾今年幾何矣？ 差異或爲手民之刻誤。
B11 程子曰：「君子之志，所慮豈止在一身？直慮及天下千萬世；小人之慮，一朝之忿，曾不遑恤其身。」噫！清不肖，親嘗爲小人之事矣。程子斯言可念也。	B11☑（頁570） 程子曰：「君子之志，所慮豈止在一身？直慮及天下千萬世；小人之慮，一朝之忿，曾不遑恤其身。」噫！清不肖，親嘗爲小人之事矣。程子斯言可念也。
B12 樂莫樂於日休，憂莫憂於多求。古之人雖疾雷破山而不震，雖	B12☒（頁570） 樂莫樂於日休，憂莫憂於多求。古之人雖疾雷

貨以萬乘而不酬，惟胸中一點堂堂者，常有以砥柱於中流。	破山而不震，雖貨以萬乘而不酬，惟胸中一點堂堂者，常有以（屹）砥柱於中流。 • 省文。
B13 胡五峯云：「知人之道，驗之以事，而觀其辭氣。從人反躬者，鮮不爲君子；任己蓋非者，鮮不爲小人。」噫！爾尚敬爾心術，愼爾行事，而和厚爾{辭}氣，檢點之功有一之未至，將不逃人於明者*之一照，而爲遠近之所嗤議。而況人心有神，雖非明者亦未易欺！ * 紫筠齋本「者」作「目」。	B13☒（頁 570） 胡五峯云：「知人之道，驗之以事，而觀其辭氣。從人反躬者，鮮不爲君子；任己蓋非者，鮮不爲小人。」噫！爾尚敬爾心術，愼爾行事，而和厚爾{詞}氣，檢點之功有一之未至，將不逃人於明者之一照，而爲遠近之所嗤議。而況人心有神，雖非明者亦未易欺！ • 差異或爲手民之誤。
B14 器量要宏，識見要精，趣味要清。	B14☑（頁 570） 器量要宏，識見要精，趣味要清。
B15 服食常溫，一體皆春，心氣常順，百病自邈。	B15☑（頁 570） 服食常溫，一體皆春，心氣常順，百病自邈。
B16 周子之{機}，超凡之梯，張子之豫，作聖之據，程、朱之敬，立身之命。敬以立身，實地斯存，豫以作聖，吾計始*定，幾以超凡，一躍入關，名三實一，靜虛動直。 * 二老閣本、紫筠齋本皆作「如」。中華書局本同善本作「始」。差異或因形近而刻誤。	B16☒（頁 570） 周子之{幾}，超凡之梯，張子之豫，作聖之據，程、朱之敬，立身之命。敬以立身，實地斯存，豫以作聖，吾計始定，幾以超凡，一躍入關，名三實一，靜虛動直。 • 差異或因手民之誤。
B17 山居不欠薪，舟行不欠水，更有便於是，人心不欠理。吁嗟！人心兮不欠理，我欲仁，斯仁至。惜也早，*不知滋味，逮血氣之力衰，而義理之念回兮，年將暮矣，不及今而畜三年之艾兮，七年[之]*病竟何時而起矣！ * 中華書局 1985 年本作「惜也早，不知滋味，逮血氣之力衰，」，朱鴻林釋誤云：「『惜也早』下逗號，當去。按：《萬有文庫》本及世界書局本斷句不誤。」〔註141〕	B17☑（頁 570） 山居不欠薪，舟行不欠水，更有便於是，人心不欠理。吁嗟！人心兮不欠理，我欲仁，斯仁至。惜也早不知滋味，逮血氣之力衰，而義理之念回兮，年將暮矣，不及今而畜三年之艾兮，七年之病竟何時而起矣！

〔註141〕朱鴻林：《明儒學案點校釋誤》，頁 280。

* 中華書局 2008 年本無「之」字。二老閣本亦無此「之」字。紫筠齋本和四庫本均有。	
B18 戒爾重其言，言欲亮而貞，出於我不重，則人之聽之也輕。惟古之聖賢兮，率然隻語達天聲，垂之後世而爲經。	B18☒（頁 570） 戒爾重其言，言欲亮而貞，出於我（也）不重，則人之聽之也輕。惟古之聖賢兮，率然隻語達天聲，垂之後世而爲經。 • 省文。
B19 善言者自簡，善應者自定。君不見鐘不扣則不鳴，水不止則不瑩。	B19☑（頁 570） 善言者自簡，善應者自定。君不見鐘不扣則不鳴，水不止則不瑩。
B20 長注念於遠大，而實地則在乎目前，夫惟能踐實地於目前，是以垂聲光於綿綿，而可以上報乎君親師，與夫先聖先賢。	B20☒（頁 571） 長注念於遠大，而實地則在乎目前，夫惟能踐實地於目前，是以（能）垂聲光於綿綿，而可以上報乎君親師，與夫先聖先賢。 • 省文。
B21 有道德者必不多言，有信義者必不多言，有才謀者必不多言，惟見夫細人、狂人、佞人，乃多言{耳}。夫未有多言而不妄者也。	B21☒（頁 571） 有道德者必不多言，有信義者必不多言，有才謀者必不多言，惟見夫細人、狂人、佞人，乃多言{爾}。夫未有多言而不妄者也。 • 「爾」「耳」通。
B22 澄其心於淵瑩之天，奉其身於光明之地，言則無一字之遺，而亦無一字之贅，動則如萬鈞之弩，一發便中其機，會此，蓋古之人也。	B22☑（頁 571） 澄其心於淵瑩之天，奉其身於光明之地，言則無一字之遺，而亦無一字之贅，動則如萬鈞之弩，一發便中其機，會此，蓋古之人也。
B23 以篤實信天下，以大節竦天下，以器量包天下，以學識周天下，以規模駕天下，以實才猷實事業副天下。{嗚}呼！豈不眞烈烈然大丈夫哉！	B23☒（頁 571） 以篤實信天下，以大節竦天下，以器量包天下，以學識周天下，以規模駕天下，以實才猷實事業副天下。{於}呼！豈不眞烈烈然大丈夫哉！ • 「於」「嗚」通。
B24 若是眞學問文章，須見於威儀之際，與夫日用之常。若是眞道德性命，須見於治家之法，與夫當官之政。不然，徒皇皇於多故，而在身無受用之實，在心無灑落之趣，[眞]是博學之小人，而詞章之兒豎爾。危哉！	B24☒（頁 571） 若是眞學問文章，須見於威儀之際，與夫日用之常。若是眞道德性命，須見於治家之法，與夫當官之政。不然，徒（日）皇皇於多故，而在身無受用之實，在心無灑落之趣，是（直）博學之小人，而詞章之兒豎爾。危哉！ • 省文。 • 差異或因手民之誤。

B25 格天之功，興於袵席，溺身之悔，誤於詞章。	B25☑（頁 571） 格天之功，興於袵席，溺身之悔，誤於詞章。
B26 若能做好人，仇家不得嗔，不能做好人，朱、均無至親。	B26☑（頁 571） 若能做好人，仇家不得嗔，不能做好人，朱、均無至親。

第三章　陳獻章在《明儒學案》中的學宗問題

　　在〈蔡清學案〉的個案中，黃宗羲基於批評蔡清的評語的需要，對他的〈讀蜀阜存稿私記〉做了大量的刪節，導致讀者無法確實認識蔡清的原意。讀者必須比勘被刪節過的材料與〈讀蜀阜存稿私記〉原文，才能發現兩者之間的不同。經過抽絲剝繭，則黃宗羲爲捍衛王學門戶而對史料有所偏廢的情況便豁然明白。前章已就〈蔡清學案〉裡的發現，試論了《明儒學案》因側重王學門戶的關係，在編纂材料上的匠心獨運。本章延續前文的線索，以〈文恭陳白沙先生獻章〉的學案（以下簡稱〈白沙學案〉〔註1〕）爲案例，試對黃宗羲在編纂《明儒學案》中支配和調度其材料的情況再加揣摩。

　　黃宗羲的門戶關懷是否也影響了他如何處置〈白沙學案〉裡的史料？首先，我們必須瞭解黃宗羲對白沙的表述。〈白沙學案〉的第一部分，宗羲先列了白沙的敘傳，而內容大致可分爲三部分：1.白沙生平交遊及出處，2.白沙治學特點與評價，3.駁正史籍記載的謬誤。第二部分記載了白沙語錄的內容，在分類上有四大項目：1.論學書（37 條）、2.語錄（7 條）、3.題跋（4 條）和

〔註1〕本書所言的〈白沙學案〉僅是陳獻章本人的學案。在《明儒學案》裡，完整的《白沙學案》分有上下兩卷，康熙本在卷八和卷九，乾隆本在卷五和卷六。上卷傳錄的，只有陳獻章和他的門人李承箕二人。下卷收載白沙門人張詡、賀欽、鄒智、陳茂烈、林光、陳庸、李孔修、謝佑、何廷矩以及白沙後學史桂芳等十人，其中有文字被選錄的，只有張詡、賀欽、鄒智和林光四人。見朱鴻林：《明人著作與生平發微》，頁 125。

4.著撰（11 條）。〈白沙學案〉的基本框架如此，除了敘傳以外，語錄部分共
59 段文字。為釐清〈白沙學案〉裡是否也出現像〈蔡清學案〉裡嚴重改動文
字的情況，本章初步比對了《明儒學案》文本和相應的陳獻章原著的文字，
〔註2〕結果發現基本上兩者在文字上的差異多無關宏旨。朱鴻林先生就曾針對
《明儒學案・白沙學案》的文本問題，通過對版本的考究和嚴謹的校勘工
作，得出了詳盡紮實的研究成果。〔註3〕他發現「論學書」裡共有 52 處的文
字差異，而「語錄」、「題跋」和「著撰」部分則分別有 4 處、3 處和 21 處。
對於這些差異，朱鴻林有時指出《學案》刪字的原因或為精簡緊湊，有時也
說明刪字後產生的變化，如刪節後語氣上明顯有別等。〔註4〕最後，他總結了
《白沙學案》中文字差異問題的具體情況，也提出一些疑問。他說：「白沙《學
案》的第 7 條『語錄』的原文，由於《全集》之中並不經見，是否就是白沙
本人的原話，能否正確地表現他的宗旨，也都只能是存疑的。」他也進一步
指出：「對於原文的節取，原意在於減省篇幅，精簡文字，但也不利於瞭解作
者的立言背景和文字脈絡。對於原文的增損改變，原意為的是修飾字句，通
達意思，但也往往因誤解而產生誤解，甚至曲解。這種情形，有的是刻本導
致的，但更多的是稿本導致的。」〔註5〕至於這些問題是否全都由黃宗羲本人
造成，朱氏則不敢斷言。總之，〈白沙學案〉裡的引文和陳獻章的原文經過比
勘後，並未出現如〈蔡清學案〉裡因黃宗羲的門戶考量而對某一條材料做出
大幅度的刪潤的情況。那是不是黃宗羲的門戶立場並沒有影響〈白沙學案〉
的編纂呢？

　　如前所述，黃宗羲在每個學案都會為案主立傳，記載其事蹟、師承關係
和對其學術涵養作總體的評論。敘傳為讀者認識案主的入門介紹。敘傳之後
一般又多會載錄相關的文獻材料。這些文獻基本上都能證成和支持黃宗羲在
敘傳中的說法。易言之，黃宗羲始終不忘為其敘傳中對案主的評述作「背
書」。乍看之下，學案裡所採錄的材料可謂精粹，堪作定論。當然，論者或認
為黃宗羲是先採錄案主的著述材料，才依著這些材料來對案主做出評價，而
非先有評價而後採錄相應的材料。須知評傳的內容和材料的甄錄固然互為因

〔註 2〕　本書採用 1987 年北京中華書局點校本《陳獻章集》來作此初步比勘。
〔註 3〕　詳見朱鴻林：《明人著作與生平發微》，頁 123～169。朱鴻林發現〈白沙學案〉
　　　　　所引文字來自不同版本的《陳獻章文集》，詳見頁 125～131。
〔註 4〕　詳見朱鴻林：《明人著作與生平發微》，頁 131～149。
〔註 5〕　見朱鴻林：《明人著作與生平發微》，頁 168～169。

果，但根據前文所析，黃宗羲因為不滿蔡清評驚心學鼻祖代表陸九淵之學為守「偏安之業」，便在為〈蔡清學案〉甄采及刪節材料時有所偏頗，故我們也可以說在《明儒學案》裡更多時候是「材料」服務於「敘傳」，「敘傳」內容主宰著「材料」的甄錄。黃宗羲的特殊門戶思想影響了他對案主的評論，而評傳內容又進而決定了宗羲摘抄材料的取捨標準。在這個意義上，各學案所收錄之材料實際上是受到宗羲門戶立場的規範。本章以為〈白沙學案〉裡整體的選材情況實際上也反映了黃宗羲的門戶立場，但這還得從陳獻章的敘傳說起。

第一節　陳獻章的學宗問題

在〈蔡清學案〉裡，黃宗羲以陸象山和陳白沙治學互通為實，白沙宛若學宗象山。其用意似在使白沙成為上承陸象山下啟王陽明，而綰合宋明兩代心學過渡的關鍵人物。這雖不是黃宗羲所獨有之偏論，〔註6〕但其撰《明儒學案》確實對於發揚此說用思至精。在〈白沙學案〉的案序中，黃宗羲就開宗明義地宣示白沙與陽明之學有所承續：

> 有明之學，至白沙始入精微。其喫緊工夫，全在涵養。喜怒未發而非空，萬感交集而不動。至陽明而後大。兩先生之學，最為相近，不知陽明後來從不說起，其故何也。〔註7〕薛中離，陽明之高第弟子也，於正德十四年上疏請白沙從祀孔廟，〔註8〕是必有以知師門

〔註6〕王龍溪（1498～1583）就曾說：「我朝理學開端是白沙，至先師而大明。」（〈與顏沖宇〉）黃宗羲在《明儒學案》裡收錄這句話，又在在提醒讀者連陽明的親炙弟子都認為他的師父是學承白沙的集大成者。見〔清〕黃宗羲：《明儒學案》，卷12，〈浙中王門學案二・郎中王龍溪先生畿〉，1：259。

〔註7〕關於為何陽明對於白沙「一言不及」的原因，姜允明著有〈王陽明何以不提陳白沙──儒佛會通在明代心學史中的實例〉一文試作闡述。他認為「象山、白沙、陽明都有融匯儒佛的傾向」，而「白沙要以禪法啟出經關鍵，《傳習錄》也要穿上禪家語錄的外衣，以喚醒儒家經典的內在活力」，他們「強調的是以生命去直下承當，躬行實踐而自喻自證，即是由自我發見，自我實現到自我完成的『自得自樂之學』。」姜氏主張正是因為王陽明同陳白沙一樣著重於「自得」，故陽明不援引他人之學為注腳，不提白沙之名，便不足怪。但歸根究柢，學重「自得」者，就不會提及他人言論，這樣的推論是否能成立，似乎有待商榷。姜論聊備一說。見 http://www.hfu.edu.tw/~lbc/BC/3RD/BC0314.HTM。流覽日期：23/07/2014。

〔註8〕關於陳獻章的從祀孔廟，可參看周敏峰：〈陳獻章從祀孔廟探析〉，見江門市

之學同矣。羅一峰曰：「白沙觀天人之微，究聖賢之蘊，充道以富，崇德以貴，天下之物，可愛可求，漠然無動於中。」信斯言也，故出其門者，多清苦自立，不以富貴爲意，其高風之所激，遠矣。〔註9〕

可見黃宗羲對於白沙的評價是非常正面的，而他認爲足以與之方駕的唯有王陽明。黃宗羲也明白地指出王陽明之高第薛中離（1468～1545）於1519年上疏請祀白沙，是知「師門之學同矣」。依《學案》所示，陽明的「心學」實濫觴於陳獻章。〔註10〕顯然，黃宗羲把陳獻章歸納在「心學」的門戶之下。這樣的想法在〈白沙學案〉的敘傳中，可謂發揮得淋漓盡致。敘傳的第一部分言曰：

陳獻章字公甫，新會之白沙里人。身長八尺，目光如星，右臉有七黑子，如北斗狀。自幼警悟絕人，讀書一覽輒記。嘗讀《孟子》所謂天民者，慨然曰：「爲人必當如此！」夢拊石琴，其音泠泠然，一人謂之曰：「八音中惟石難諧，子能諧此，異日其得道乎？」因別號石齋。正統十二年舉廣東鄉試，明年會試中乙榜，入國子監讀書。已至崇仁，受學於康齋先生，歸即絕意科舉，築春陽臺，靜坐其中，不出閫外者數年。尋遭家難。成化二年，復遊太學，祭酒邢讓試和

博物館網頁 http://www.jmbwg.com/Research_view.aspx?id=282。流覽日期：29/06/2015。

〔註9〕〔清〕黃宗羲：《明儒學案》，卷5，〈白沙學案上〉，1：79。

〔註10〕目前哲學史著述和專題研究，多有對陳白沙或「開明儒心學的先河」及其和王陽明學說的關係等課題提出看法，但意見紛紜。姜允明一書認爲王陽明實爲陳白沙真正衣缽傳人。見姜允明：《王陽明與陳白沙》（臺北市：五南圖書出版公司，2007年）。持有相同看法的還有：熊十力：《十力語要初續·陳白沙先生紀念》，《熊十力全集》（武漢：湖北教育出版社，2001年），第五卷，頁282；容肇祖：《明代思想史》（上海：上海書店影印，1990年），頁73；苟小泉：《陳白沙哲學研究》（北京：中華書局，2009年），頁191～192。苟小泉認爲因爲王陽明結識白沙弟子湛若水，故陽明之學當得力於白沙的「自得之學」不少。見頁199～210。但也有學者認爲說明兩者並無傳承關係。見錢穆：〈陳白沙先生五百三十四年誕辰紀念會講詞〉《中國學術思想史論叢（七）》，《錢賓四先生全集》，卷二十一，第四冊，頁45、余英時：《宋明理學與政治文化》（桂林市：廣西師範大學出版社，2006年），頁317、古清美：〈明代前半期理學的變化與發展〉，《明代理學論文集》（臺北：大安出版社，1990年），頁38～40以及 Wing-tsit Chan (陳榮捷), "Chan Jo-shui's Influence on Wang Yang-ming," *Philosophy East and West*, Vol.23, No.1/2 (1973.01 & 04), pp. 10~12.

楊龜山〈此日不再得〉詩，見先生之作，驚曰：「即龜山不如也。」
颺言於朝，以為真儒復出，由是名動京師。〔註11〕羅一峰、章楓山、
莊定山、賀醫閭皆恨相見之晚，醫閭且稟學焉。歸而門人益進。十
八年，布政使彭韶、都御史朱英交薦，言「國以仁賢為寶，臣自度
才德不及獻章萬萬，臣冒高位，而令獻章老丘壑，恐坐失社稷之寶」。
召至京，閣大臣或尼之，令就試吏部。辭疾不赴，疏乞終養，授翰
林院檢討而歸。有言其出處與康齋異者，先生曰：「先師為石亨所薦，
所以不受職；某以聽選監生，始終願仕，故不敢儌辭以釣虛譽，或
受或不受，各有攸宜。」自後屢薦不起。弘治十三年二月十日卒，
年七十有三。先生疾革，知縣左某以醫來，門人進曰：「疾不可為也。」
先生曰：「須盡朋友之情。」飲一匙而遣之。〔註12〕

這一段文字陳述交代了陳獻章的生平事蹟和其交友出處情況。但這裡有至少
兩點可疑之處，若仔細琢磨深究，亦可窺見黃宗羲的門戶思想之一二。第一、
陳獻章因為和楊龜山〈此日不再得〉詩而名動京師，黃宗羲卻為何僅提詩名
而不稍加言及詩的內容？第二、黃宗羲提到了陳獻章「受學於康齋先生（吳
與弼）」，但為何又旋即言獻章「歸即絕意科舉，築春陽臺，靜坐其中，不出
閫外者數年」？我們先針對第一點來加以討論。

　　陳白沙為何能以一首〈和龜山此日不再得〉名震京師，除了點出眾人以
為「真儒復出」一語，黃宗羲並沒有為讀者提供其他訊息。這首詩究竟說了
什麼？〈和龜山此日不再得韻〉曰：

能饑謀藝稷，冒寒思植桑。少年負奇氣，萬丈磨青蒼。夢寐見古人，
慨然悲流光。吾道有宗主，千秋朱紫陽。說敬不離口，示我入德方。
義利分兩途，析之極毫芒。聖學信匪難，要在用心臧。善端日培養，
庶免物欲戕。道德乃膏腴，文辭固粃糠。俯仰天地間，此身何昂藏？
胡能追軼駕，但能漱餘芳。持此木鑽柔，其如磐石剛。中夜攬衣起，
沉吟獨徬徨。聖途萬里餘，髮短心苦長。及此歲未暮，驅車適康莊。
行遠必自邇，育德貴含章。邇來十六載，滅跡聲利場。閉門事探討，
蛻俗如驅羊。隱几一室內，兀兀同坐忘。那知顛沛中，此志竟莫強。

〔註11〕此事蹟見於張詡於 1501 年所作《白沙先生行狀》。陳獻章敘傳的這段內容與
　　　　《行狀》的文字如出一轍，相信黃宗羲是摘抄自張詡之《白沙先生行狀》。見
　　　　〔清〕陳獻章：《陳獻章集》，2：868～882。
〔註12〕〔清〕黃宗羲：《明儒學案》，卷 5，〈白沙學案上〉，1：79～80。

譬如濟巨川，中道奪我航。顧茲一身小，所繫乃綱常。樞紐在方寸，操舍決存亡。胡爲謾役役，斫喪良可傷。願言各努力，大海終回狂。〔註13〕

「吾道有宗主，千秋朱紫陽。說敬不離口，示我入德方。」觀乎陳獻章的自白，他顯然以學宗朱熹自居。黃宗羲漠視獻章以朱子爲道之宗主的事實，將他和陸象山及王陽明並爲一列。在黃宗羲之時，頗負盛名的學者多會引述此詩來指明獻章學宗朱子，其中就有黃宗羲的師父劉宗周（1578～1645）爲例。〔註14〕劉氏在其〈良知問答〉一文裡就以此來說明陳獻章像自宋以來的許多學者都以朱紫陽家法爲入道之法門，獨有陽明能識破朱說之支離，翻出「致良知」，以本心來求物理，他說：

> 自有宋諸儒而後學者專宗紫陽氏家法爲入道之方，即江門崛起，直溯濂溪，猶曰：「吾道有宗主，千秋朱紫陽。說敬不離口，示我入德方。」獨陽明子讀《大學》至格物一解，謂朱子即物窮理之說爲支離，而求端於心，天下無心外之物，即本心以求物理，是爲致良知。於事事物物之間，而意可得而誠也。遂揭「致良知」三字，專教學者而答陸元靜數書發明《中庸》之理甚奧，則其眞接濂溪之傳者，其曰：「未發之中即良知，即主靜」，立極之說也。其曰：「良知無前後內外而渾然一體」，即性無內外之說也。其曰：「能戒愼恐懼者是良知」，即敬無動靜之說也。其曰：「自私自利爲病根」，即識仁之微旨也。最後，病癒一喻，尤屬居要語所云服藥調理在未發時者，又即朱子涵養一段工夫之意。朱子他日曰：「涵養須用敬，進學在致知。」至陽明子則合言之耳。孰謂其果立異同於朱子乎？夫諸儒說極說仁、說靜、說敬，本是一條血脈，而學者溺於所聞，猶未免滯於一指而不能相通，或轉趨其弊者有之。「致良知」三字直將上下千古一齊穿貫……〔註15〕

值得注意的是，劉宗周的這段論述是爲闡明王陽明的「致良知」說和朱子學說皆同繫於聖學道脈，學者不必偏任朱子舊聞，而這也正是黃宗羲畢生所努

〔註13〕 見〔清〕陳獻章：《陳獻章集》，1：279。

〔註14〕 事實上，學宗陽明的劉宗周對陳獻章多有貶辭，有別於黃宗羲。陳榮捷認爲其中的原因在於「宗周重品性行爲而宗羲則重思想學術」。參見王榮捷：《王陽明與禪》（臺北市：臺灣學生，1984年），頁182～183、185。

〔註15〕 見〔清〕劉宗周：《劉子遺書》，卷1，收入《景印文淵閣四庫全書》，717：115。

力提倡的立場。劉、黃師徒兩人可謂皆致力於使王學受肯定爲儒統聖學。但不同的是，劉宗周仍如實地指出陳獻章同宋以來諸儒一樣專奉朱學，而黃宗羲卻爲了建立陽明學之門戶，在編纂《明儒學案》時特舉陳白沙爲下啓陽明「心學」之樞紐人物，使讀者很容易得到一個印象，以爲陳獻章和朱熹之學無所相涉。

陳獻章因爲〈和龜山此日不再得〉詩而極富盛名，朝野皆知白沙之學以朱紫陽爲宗主，黃宗羲卻選擇對此噤若寒蟬，甚爲奇怪。與宗羲同時的陸世儀（1611～1672）撰《思辨錄輯要》〔註 16〕，在論及白沙被召而出卻遭譏一事時，也要引此詩論其學，他說：「胡敬齋與陳白沙俱學於康齋。康齋以程、朱爲宗，故敬齋、白沙俱以敬爲主。白沙〈和此日不再得〉詩：『吾道有宗主，千秋朱紫陽。說敬不離口，示我入德方』是也。至後來自成一家，始以自然爲宗，敬齋則始終一敬字做成。」〔註 17〕陸氏雖言陳獻章後來自成一家，但仍指出其學始得力於朱子。黃宗羲身後又有雷鋐，其撰《讀書偶記》〔註 18〕批評陳獻章的學問時說：「陳白沙〈和龜山此日不再得〉詩云：『吾道有宗主，千秋朱紫陽。說敬不離口，示我入德方。義利分兩途，析之極毫芒。聖學信匪難，要在用心臧。善端日培養，庶免物欲戕。』此等語與薛、胡無異。然其他所論學以自然爲宗，不免過高之弊，不如薛、胡之平實，謹守下學上達之序也。」〔註 19〕又引白沙〈與趙提學書〉，然後加按語曰：「此

〔註16〕《四庫》館臣謂陸世儀「是書乃箚記師友問答，及平生聞見而成。……世儀之學，主於敦守禮法，不虛談誠敬之旨，主於施行實政，不空爲心性之功，於近代講學諸家最爲篤實。故其言曰：天下無講學之人，此世道之衰，天下皆講學之人，亦世道之衰。嘉隆之間，書院徧天下，呼朋引伴，動輒千人附影逐聲，廢時失事，甚有藉以行其私者，此所謂處士橫議也。……俗儒不知內聖外王之學，徒高談性命，無補於世，所以來迂拙之誚也。其言皆深切著明，足砭虛憍之病。」見《思辨錄輯要》提要，收入《景印文淵閣四庫全書》，724：1～2。

〔註17〕見〔清〕陸世儀：《思辨錄輯要》，卷 31，收入《景印文淵閣四庫全書》，724：291～292。

〔註18〕此書之提要有言：「是編乃其讀書箚記，大旨惟以朱子爲宗，然能不爭競門户，如卷一中一條云：『古人心最平，如孟子謂夷惠隘與不恭，君子不由，而又謂其爲百世之師是也。後世如陸子靜、王陽明、陳白沙，論學術者必辨之，謂其非孔孟程、朱之正派也，然其砥節礪行，以之針砭卑鄙俗夫，不亦百世之師耶？』其持論特平，較諸講學之家，頗爲篤寔無客氣。」見《讀書偶記》提要，收入《景印文淵閣四庫全書》，725：661。

〔註19〕見〔清〕雷鋐：《讀書偶記》，收入《景印文淵閣四庫全書》，725：693。

是白沙一生實錄，質之孔門教人，不外博文約禮。程、朱標出主敬為知行之本，入手功夫更無他途。白沙初年日靠書冊，不免失之泛騖，卒乃盡舉而空之，專心靜坐又失之虛寂，皆不可為訓也。」〔註 20〕雷鋐據白沙之詩指出其所言和程、朱一脈的薛瑄（1389～1464）和胡居仁（1434～1484）無異。必須指出，雖然雷鋐批評陳獻章治學上不如薛、胡之平實，不足為訓，但他並沒有說陳獻章應依從「心學」門戶。除此之外，晚於黃宗羲百年左右的朱九江（1807～1881）也曾論道：「陳文恭之學，非不尊朱子也。文恭自謂於古聖賢之書，無所不讀。其詩曰：『吾道有宗主，千秋朱紫陽。』此其所以入德也。文恭之學，讀書而靜養，朱子所法乎孔子也。文恭之教，使學者端坐澄心，未讀書而靜養，則所養者，未必端倪之正也，非朱子所法乎孔子者也。」〔註 21〕針對此段評論，錢穆認為朱稚圭以白沙之學為「讀書而靜養」，修身和讀書並濟，非若陽明心學之流不知讀書為學。〔註 22〕

綜上所述，明末清初的學者對於白沙嘗言自己學宗朱子一事並不陌生。按理黃宗羲既然要提出異議，論白沙學宗陸象山，似乎有必要對白沙的這段自白作出回應，但他卻選擇在白沙敘傳中輕描淡寫地提及此詩，對其內容完全避而不談，更獨排眾議，大肆主張白沙與陽明之學最為相近。這反映出黃宗羲刻意規避白沙推重朱子的內容。雖然陳獻章在〈此日不再得〉詩中也提到他認為朱子「義利分兩途，析之極毫芒」，但這和陽明批評「朱子即物窮理之說為支離」有別。無可否認，陳獻章自己在歷經十餘二十年的靜坐生涯中久之有得，悟出了「聖學信匪難，要在用心臟。善端日培養，庶免物欲戕。道德乃膏腴，文辭固秕糠。……樞紐在方寸，操舍決存亡」這一致虛立本的涵養工夫，但另闢蹊徑的他始終推尊朱子，治學更是以朱子為標杆，這是不爭的事實。

儘管事實如此，黃宗羲在〈白沙學案〉僅收錄了白沙一兩條言及朱子的文字如下：

> 伊川先生每見人靜坐，便歎其善學。此一「靜」字，自濂溪先生主靜發源，後來程門諸公遞相傳授，至於豫章、延平尤專提此教人，學者亦以此得力。晦翁恐人差入禪去，故少說靜，只說敬，如伊川

〔註 20〕見〔清〕雷鋐：《讀書偶記》，收入《景印文淵閣四庫全書》，725：693～694。
〔註 21〕轉引自錢穆：《中國學術思想史論叢（八）》（北京：生活‧讀書‧新知三聯書店，2009 年），〈朱九江學術〉，頁 360。
〔註 22〕錢穆：《中國學術思想史論叢（八）》，〈朱九江學術〉，頁 360。

晚年之訓，此是防微慮遠之道。然在學者，須自度量如何，若不至
為禪所誘，仍多著靜，方有入處。若平生忙者，此尤為對症之藥。
〔註23〕

「但得心存斯是敬，莫於存外更加功」。大抵學者之病，助長為多，
晦翁此詩，其求藥者歟！〔註24〕

根據第一條材料，讀者可知白沙並非一味因循朱子持敬一路，而是以自己的
修身實踐及所處的學術環境等因素，來重審前人之主張，並提出自己的看法。
他指出朱子主張「敬」而少說「靜」的主因是為「防微慮遠」，恐人入禪，但
他認為學者當「自量度如何」，不能因為朱子偏說「敬」，就放棄以「靜」為
修持門徑。雖不至於推覆朱子舊說，但陳獻章在此發揮了不獨守「一先生之
言」的精神，這正是宗羲所樂見的，而這類的文獻也正是《學案》積極採集
的內容。第二條史料也只是獻章借由朱子的話來表明自己對學者多有「助長」
之病的看法。仔細玩味，黃宗羲所甄錄的兩條文字基本上都未體現獻章對朱
子的敬慕。黃宗羲引錄第一條文字更像是在表明獻章重新審視朱熹的舊說，
為學者提出有別於朱子的說法。黃宗羲要強調的或許是陳獻章和王守仁的學
問未必在朱子之下。至於第二條語料則只是陳獻章舉朱晦翁之言，以其言來
驗證自身的修道體驗，說明獻章和晦翁兩人都從事涵養工夫，皆為為孔門嫡
傳，看起來並沒有尊朱之意。

　　行文至此，可見〈白沙學案〉裡採錄獻章言及朱子之「是處」甚少，如
此一來，黃宗羲言獻章與王陽明之學有相契便不足為怪。然而，獻章是否與
陽明在程、朱門戶之外自成一體系，終究還得回歸到他本人的文字及其他相
關記載裡去探尋而抽繹之。誠如學者章沛所指出，宗羲從局部或從個人的角
度去考察，以「作聖之功」的視角來聯繫白沙與陽明，未能掌握白沙思想的
整個的、全面的面貌。〔註25〕他認為研讀陳獻章者應該「從大量的原始材料
中作出自己的判斷，不致重蹈有些作者只靠《明儒學案・白沙學案》的材料
作為依據的覆轍」。〔註26〕事實上，獻章推重朱子的文字記錄甚夥，只是多見

〔註23〕〔清〕黃宗羲：《明儒學案》，卷5，〈白沙學案上〉，1：84。
〔註24〕〔清〕黃宗羲：《明儒學案》，卷5，〈白沙學案上〉，1：89。
〔註25〕章氏指出黃宗羲說白沙與王陽明的學說最為相近，是從「作聖之功」著眼的，
　　　　因為梨洲所瞭解的白沙思想，是「喫緊工夫，全在涵養」。章沛：《陳白沙哲
　　　　學思想研究》，頁8。
〔註26〕章沛：《陳白沙哲學思想研究》，前記，頁2。

於其詩及有關其論詩的文字中，如：「夜雨齋燈卷未收，清謠白首對蘇州。晦翁兩眼滄浪碧，也爲先生一點頭。五言夙昔慕陶韋，句外留心晚尚癡。敢爲堯夫添注腳，自從刪後更無詩。……」〔註27〕在此七言絕句中，獻章以晦翁的首肯來贊許對方，可見朱子在其心中的地位。另外，他在〈論詩不易〉一文中也表達了對朱文公的敬佩。他說：「宋歐陽文忠公最愛唐人〈遊寺詩〉：『曲徑通幽處，禪房花木深。』又愛一人〈送別詩〉：『曉日都門道，微涼草樹秋。』云：『修平生欲道此語，道不得。』朱文公謂：『今人都不識此等好處是如何。』二公最知詩者也，後人誠未易及。如此兩聯，予始因歐公歎賞之至，欲求見其所以妙如歐公之意了不可得，徧問諸朋友無知者。徐取魏晉以下諸名家所作，凡爲前輩點出者，反復玩味，久之乃若麤有得焉。間舉以告今之善言詩者，亦但見其唯唯於吾所已言者而已。吾所不言者，彼未必知也。夫然後歎歐公之絕識去今之人遠甚，而信文公之言不誣也。噫，詩可易言哉！」〔註28〕白沙認爲晦翁論詩，後人望塵莫及。錢穆先生嘗言：「白沙最少語錄，尤爲理學諸儒中一特色；及其文集，亦甚少理學語。」又「白沙所長，在詩而不在語。」錢氏更稱道白沙之詩「欲匯工部、康節而一之，而尤能脫盡理學窠臼，而一於風韻。」〔註29〕白沙所事盡在詩，確實常與門生弟子論詩。〔註30〕《白沙子集》論詩時，則多推朱文公。黃宗羲雖在〈白沙學案〉中收錄陳白沙「論學書」的材料，卻避開關於白沙敬仰晦翁的文獻。這一點從黃宗羲在「論學書」中選錄的〈與羅一峰〉一文的四條文字看出端倪。

　　〈與羅一峰〉的內容共分有七則，黃宗羲選擇摘抄其中的第二、第三、第六和第七則。第二則的文字便是上文所提及的陳獻章對於晦翁恐人入禪提出意見的那一條文獻。黃宗羲並沒有甄錄此文的第一條文字，其言曰：「大忠祠碑皎皎烈烈，見先生之心矣，可歎可賞。諸生蒙薰炙，歸來又是一番人

〔註27〕見〔清〕陳獻章：《陳獻章集》，〈讀韋蘇州詩〉四首，2：671。
〔註28〕見〔清〕陳獻章：《陳獻章集》，〈論詩不易〉，1：58～59。
〔註29〕錢穆：《中國學術思想史論叢（七）》，〈陳白沙先生五百三十四年誕辰紀念會講詞〉，頁45～46。
〔註30〕「首章似胡文定解《春秋》，以義理穿鑿。二章發揮得道理極致，……鬆觀所論，多祇從意上求，語句、聲調、體格尚欠工夫在。若論詩家，一齊要到。莊定山所以不可及者，用句、用字、用律極費工夫。初須倣古，久而後成家也。今且選取唐宋名家詩數十來首，諷誦上下，効其體格、音律，句句字字一毫不自滿，莫容易放過。若於此悟入，方有蹊徑可尋。」見〔明〕陳獻章：《陳獻章集》，〈批答張廷實詩箋〉，1：74。

物。多荷，多荷。〈三峰敘文〉並諸作實有意思，但恐入末〔註31〕得禪耳。先生欲理會著述及諸外事，莫若且打疊令我潔潔淨淨。先生平昔所篤信者，非朱紫陽乎？『非全放下，終難湊泊』，是紫陽語否？門中有鄧秀才可試問之。……」〔註32〕陳獻章在拜讀了羅倫（1431～1478）的〈三峰敘文〉後，懇切地提醒他裡頭的一句「非全放下，終難湊泊」，「恐入末得禪」，非朱紫陽之治學宗旨。由此可見，陳獻章對朱子的學問是了然於心的，他更多的時候是以朱子所言爲是，以糾正後學之病。總之，黃宗羲在編纂史料時有意避開陳獻章稱頌朱子的事實，儘管他甄錄獻章有關朱子的文獻一方面突出白沙不徇於聞見，不死守於晦翁之言，另一方面也強調獻章所事仍爲儒門聖學，非有入禪之意。

　　縱觀《學案》所載白沙著作，其內容特點是較貼近生活實踐的課題，不作理論性的申述或理學概念範疇的辨析。〔註33〕但像「論學書」的內容也非理義上的辯解，而多是他回應門人弟子及從游者的書箚文字，主旨爲自身或他人的修身涵養予以提撥。其說之美富，不勝標舉，《學案》唯有擇其最精以概其餘。如上所述，白沙雖以詩名且所著之詩數量頗爲可觀，但《學案》卻未採錄其詩作。〔註34〕其中的原因或爲白沙論詩特以晦翁之學爲金科玉臬之故。當然，〈和龜山此日不再得〉屬古詩一類，而宗羲確實未在〈白沙學案〉中引錄白沙的任何詩作，故不可求之過甚。但〈白沙學案〉裡存心不選白沙論及程、朱，尤其是朱子傳統那一面的文字，傳略所及無不凸顯陳白沙與宗朱一脈意見懸絕，陳白沙與王陽明儼然自成一派。黃宗羲所徵引者多以此爲務，故從他的選材可看出他的門戶立場。

　　上文根據敘傳開頭的內容提出的第二個疑點，現試論之。在〈白沙學案〉中，陳獻章受業於尊朱的吳與弼，其師承如此，便當爲宗朱一派無誤。但爲

〔註31〕中華書局本《陳獻章集》「末」作「未」，與上下文語義不通，故依四庫全書版本更爲「末」字。

〔註32〕〔明〕陳獻章：《陳獻章集》，〈與羅一峰〉七則，其二，1：157。

〔註33〕章沛：《陳白沙哲學思想研究》，頁8～9。

〔註34〕陳獻章詩作中多有言及並推尊朱子之內容，如：「神仙不注參同契，火候工夫那得知？千古晦庵拈一語，可憐無及魏君時。」（〈讀朱晦庵注參同契〉）見〔明〕陳獻章：《陳獻章集》，2：565。還有給予晦翁極大的肯定的：「千年幾見南康守，歎息人間兩譜開。但使乾坤留一緒，聖賢去後聖賢來。……一語不遺無極老，千言無倦考亭翁。語道則同門路別，君從何處見高蹤？」（〈讀周朱二先生年譜二首〉）見〔明〕陳獻章：《陳獻章集》，2：576。

何黃宗羲會注明陳獻章學從康齋不久後，歸鄉不事舉業，且靜坐春陽臺而不
出呢？黃宗羲在敍傳的下文提供了答案，他選錄了陳獻章的自白，其文曰：

> 先生自序爲學云：「僕年二十七，始發憤從吳聘君學，其於古聖賢垂
> 訓之書，蓋無所不講，然未知入處。比歸白沙，杜門不出，專求所
> 以用力之方，既無師友指引，日靠書冊尋之，忘寢忘食，如是者累
> 年，而卒未有得。所謂未得，謂吾此心與此理未有湊泊吻合處也。
> 於是舍彼之繁，求吾之約，惟在靜坐。久之，然後見吾此心之體，
> 隱然呈露，常若有物，日用間種種應酬，隨吾所欲，如馬之御銜勒
> 也；體認物理，稽諸聖訓，各有頭緒來歷，如水之有源委也。於是
> 渙然自信曰：『作聖之功，其在茲乎！』」〔註35〕

由此段文獻可見，陳獻章受學吳康齋，對古聖賢先之垂訓皆飽覽無遺，但康
齋的教法卻讓發憤學習的獻章終究無所得，只好慨然離去，歸白沙自求用力
之方。獻章在捨去書冊訓詁之繁，由博返約，專以靜坐爲法後，才了悟「作
聖之功」。黃宗羲接著說：

> 先生之學，以虛爲基本，以靜爲門戶，以四方上下、往古來今穿紐
> 湊合爲匡郭，以日用、常行、分殊爲功用，以勿忘、勿助之間爲體
> 認之則，以未嘗致力而應用不遺爲實得。遠之則爲曾點，近之則爲
> 堯夫，此可無疑者也。故有明儒者，不失其矩矱者亦多有之，而作
> 聖之功，至先生而始明，至文成而始大。向使先生與文成不作，則
> 濂、洛之精蘊，同之者固推見其至隱，異之者亦疏通其流別，未能
> 如今日也。或者謂其近禪，蓋亦有二，聖學久湮，共趨事爲之末，
> 有動察而無靜存，一及人生而靜以上，便鄰於外氏，此庸人之論，
> 不足辨也。羅文莊言「近世道學之昌，白沙不爲無力，而學術之誤，
> 亦恐自白沙始。至無而動，至近而神，此白沙自得之妙也。彼徒見
> 夫至神者，遂以爲道在是矣，而深之不能極，幾之不能研，其病在
> 此」。緣文莊終身認心性爲二，遂謂先生明心而不見性，此文莊之失，
> 不關先生也。〔註36〕

在這裡，黃宗羲又再次重申陳獻章和王守仁的學脈關係。他強調「作聖之功，
至先生而始明，至文成而始大。向使先生與文成不作，則濂、洛之精蘊，同

〔註35〕〔清〕黃宗羲：《明儒學案》，卷5，〈白沙學案上〉，1：80～81。
〔註36〕〔清〕黃宗羲：《明儒學案》，卷5，〈白沙學案上〉，1：80。

之者固推見其至隱，異之者亦疏通其流別，未能如今日也。」宗羲更在此順勢巧妙地引出白沙遭人詆毀爲入禪一事，這無疑又和向來遭禪諍的陽明掛上鉤。這只是引子，稍後他在敘傳裡更大量著墨談論此入禪議題，而在集中議論其治學是否入禪後，宗羲又提出白沙下啓陽明的觀點，以白沙之學爲宋至有明心學之蜂腰。黃宗羲在選錄材料時，也不忘摘抄陳獻章對於禪學的看法，如：「禪家語，初看亦甚可喜，然實是儱侗，與吾儒似同而異，毫釐間便分天壤，此古人所以貴擇之精也。如此辭所見大體處，了了如此，聞者安能不爲之動？但起腳一差，立到前面，無歸宿，無準的，便日用間種種各別，不可不勘破也。」（〈與何時矩〉）〔註37〕值得注意的是，宗羲在此段論述中也引述羅欽順對陳獻章的批評並予以反駁。他認爲欽順的誤解乃由於他「終身認心性爲二，遂謂（白沙）先生明心而不見性，此文莊之失，不關先生也」。但宗羲並未進一步在〈白沙學案〉裡說明羅欽順爲何言之無理。他選擇在〈羅整菴學案〉中提供羅氏針對心、性的言論，而《學案》中的〈師說〉一文則對羅氏分心、性爲二的論調大肆批評，產生了互見的效果。這是編纂佈局上的考量，也是宗羲對自身言論提供佐證的方法。爲了維護同屬「心學」一脈的陳獻章，宗羲除了對於嗣軌朱文公的羅整菴加以撻伐，在《學案》多處都會對於語侵白沙和陽明者，予以駁正不遺。這要留待下文詳論。

在黃宗羲的筆下，陳獻章是眞儒風範。他引述白沙高第張詡（1456～1515）的〈白沙先生墓表〉的文字，說：

> 張東所敘先生爲學云：「自見聘君歸後，靜坐一室，雖家人罕見其面，數年未之有得。於是迅掃夙習，或浩歌長林，或孤嘯絕島，或弄艇投竿於溪涯海曲，捐耳目，去心智，久之然後有得焉，蓋主靜而見大矣。由斯致力，遲遲至二十餘年之久，乃大悟廣大高明不離乎日用，一眞萬事眞，本自圓成，不假人力，無動靜，無內外大小精粗，一以貫之。」先生之學，自博而約，由粗入細，其於禪學不同如此。〔註38〕

這裡可見陳獻章極富曾點氣象，雖廣大高明卻也不離乎日用，絕非禪家之流。本章取張東所的〈白沙先生墓表〉與黃宗羲截取的這段文字作一比勘，發現宗羲又刻意刪去一些內容。這段文字的原貌如下，字句間鮮有改動，但劃線

〔註37〕　〔清〕黃宗羲：《明儒學案》，卷5，〈白沙學案上〉，1：86。
〔註38〕　〔清〕黃宗羲：《明儒學案》，卷5，〈白沙學案上〉，1：81。

－81－

的部分是宗羲完全刪掉的：

> 壯從江右吳聘君康齋遊，<u>激勵奮起之功多矣</u>，未之有得也。暨歸杜門，獨掃一室，日靜坐其中，雖家人罕見其面，如是者數年，未之有得也。於是迅掃夙習，或浩歌長林，或孤嘯絕島，或弄艇投竿於溪涯海曲，<u>忘形骸</u>，捐耳目，去心志，久之然後有得焉，於是自信自樂。其為道也，主靜而見大，<u>蓋濂、洛之學也</u>。由斯致力，遲遲至於二十餘年之久，乃大悟廣大高明不離乎日用。一真萬事真，本自圓成，不假人力。<u>其為道也</u>，無動靜內外，大小精粗，<u>蓋孔子之學也。濂洛之學非與孔子異也</u>。〔註39〕

據張東所言，陳白沙從吳康齋學，「激勵奮起之功多矣」，想必是親炙白沙時所得聞，但黃宗羲卻將此內容刪除，使讀者誤以為白沙受業吳康齋卻全無所得。張東所強調白沙所事乃濂、洛之學，黃宗羲也將兩處言及濂、洛的文字全略去。如此，陳獻章非程、朱之典型的印象自生於讀者之心。

綜上所論，黃宗羲在〈白沙學案〉裡可謂想方設法，將陳獻章納入「心學」旗下。第一、他直接表明立場，稱白沙和陽明學有相契，兩人儼然為有明「心學」之學脈；第二、黃宗羲刻意略去或不收錄陳獻章推崇朱子的文字，隱匿獻章學宗朱子的事實；第三、對於陳獻章為禪一事多費筆墨，除為他開脫入禪之罪，亦和日後同受禪諍的陽明產生聯繫，以及第四、反駁羅欽順等明儒對陳獻章的批評，堅持獻章之學問為儒統正脈。

陳獻章本人並未著有專門談論其學術淵源的文章，故一般對於他學宗朱子一事的瞭解並不普遍也不深入。獻章又為何不常言及其學之歸向呢？或許我們能從他和友人弟子的書信往來中窺見一二。獻章曾寫道：

> 承諭近日來頗有湊泊處，譬之適千里者，起腳不差，將來必有至處。自然之樂，乃真樂也。宇宙間復有何事？故曰雖之夷狄，不可棄也。今之學者各標榜門牆，不求自得，誦說雖多，影響而已，無可告語者。暮景侵尋，不意復見同志之人，託區區於無窮者，已不落莫矣。〔註40〕

由此可見，在白沙之時，學者好標榜門牆，而他對於這些不求自得，只顧誦說前人妙論之輩評價甚低，相信不多立論舉其學之所宗的緣由同此不無關

〔註39〕 〔明〕陳獻章：《陳獻章集》，〈白沙先生墓表〉，2：882～884。
〔註40〕 〈與湛民澤〉，見〔明〕陳獻章：《陳獻章集》，1：192～193。

係。正因爲白沙未嘗明言，論者如不加深究，也就只能聽信梨洲之語了。

第二節　〈白沙學案〉中看《明儒學案》對史料的選置

　　前章以〈蔡清學案〉爲個案，通過校勘《明儒學案》與蔡清著作原文，整理出《學案》的編纂如何體現黃宗羲的門戶關懷，但猶不能盡知。本章比勘〈白沙學案〉文字和白沙撰寫的原文，發現基本上並無甚大出入，文字未經篡改或大量刪省，但多有截文和銜接材料的情況。總體而言，在〈白沙學案〉中，黃宗羲的門戶立場主要反映在他爲案主所立的敘傳及與其內容相呼應的文獻選擇上面。其他學案裡是否有相類的情形則猶待深究。現就上文剖析〈白沙學案〉時所發現的線索爲主軸，再結合《學案》中相類的例子，析繹分條，進一步探討尋繹黃宗羲在各個學案中選置材料時的用心。

　　由黃宗羲在〈白沙學案〉裡處理材料的手法而言之，已可見其門戶考量之雛形。第一、在宗羲的視野裡，陳獻章是明初「心學」的承傳者，是上承陸九淵，下啓王守仁的核心人物。前文已略及此意。〈白沙學案〉裡不但直接倡言陳獻章和王守仁學脈相連，也以兩人皆受禪諍一事來影射他們之間學術互通。事實上，《學案》裡的評傳和文獻內容，常常連類相論陳、王二氏及他們的後學。黃宗羲通過複雜且極富層次的編纂手法，將陳獻章塑造成使心學的流傳得以延續的代表人物，而王守仁則是集大成者。第二、黃宗羲在〈白沙學案〉裡不僅收錄了羅整菴指摭白沙學的言論，也匡正了羅氏的說法，可見他極力回護白沙。其實，《學案》裡多處選載了明儒非議白沙和陽明學的文字，而黃宗羲對這些指摘多會加以批駁。要使王學不至於在一波波的反對聲浪中湮滅，則必須回應這些明儒的批評。除了被動地闢謠，宗羲更意識到王學之所以會招致學界的撻伐，是因爲王門內部確實存在若干問題，故爲了掩謗，他也主動地從王學自家門戶著手，檢討王門中各派後學之學術，以還原王學的本末。如此瑕瑜互見，所呈現的自非狹隘的「王是朱非」的門戶對立格局。以下的詳論中，將援引《學案》裡的例證，以闡明黃宗羲如何在卷帙浩繁的材料中爬羅剔抉，甄搜能爲王門補苴罅漏，有助重振門戶的文字記錄。

一、白沙與陽明在程、朱外自成門戶

　　黃宗羲在〈白沙學案〉的案序中倡言白沙與陽明二先生之學最爲相近，

而白沙嚮慕晦翁的實情則不見於學案,可知他試圖成立白沙與陽明兩人有學術淵源一說。在白沙的敘傳裡,宗羲針對白沙是否陷於禪家一事著墨不少,並選錄了白沙關於禪諍的言論,問題似乎圍繞在白沙之學是禪非禪上。其實,《學案》如此強調白沙入禪之疑雲,正凸出白沙所屬門戶非程、朱傳統。從宗旨上講,白沙遭批評為禪,則更近象山和陽明的典型。從縱向的歷史發展進程來看,〈白沙學案〉以王陽明承嗣陳白沙;〈蔡清學案〉以陳白沙之學上承陸象山,則形成陸象山、陳白沙及王陽明在思想承傳上的發展脈絡。這是在時間的推移上,彰顯王學其來有自,而非在儒家傳統外另起爐灶。〔註41〕一言以蔽之,《學案》以三者在不同時代皆受到為禪的指控,時空交錯,似乎更說明王門之學有自家的門戶傳統。

關於象山蒙受為禪之冤,〈文成王陽明先生守仁學案〉中錄有此論:

> 《象山文集》所載,未嘗不教其徒讀書窮理,而自謂理會文字頗與人異者,則其意實欲體之於身。其亟所稱述以誨人者,曰「居處恭,執事敬,與人忠」;曰「克己復禮」;曰「萬物皆備於我,反身而誠,樂莫大焉」;曰「學問之道無他,求其放心而已」;曰「先立乎其大者,而小者不能奪」。是數言者,孔、孟之言也,惡在其為空虛者乎?獨其易簡覺悟之說,頗為當時所疑。然易簡之說出於〈繫辭〉,覺悟之說雖有同於釋氏,然釋氏之說,亦自有同於吾儒而不害其為異者,惟在於幾微毫忽之間而已。晦菴之言,曰「居敬窮理」;曰「非存心無以致知」;曰「君子之心常存敬畏,雖不見聞,亦不敢忽,所以存天理之本然,而不使離於須臾之頃也」。是其為言雖未盡瑩,亦何嘗不以尊德性為事,而又惡在其為支離者乎?獨其平日汲汲於訓解,雖韓文、《楚辭》、《陰符》、《參同》之屬,亦必與之註釋考辨,而論

〔註41〕劉述先引述黃進興論及黃宗羲的《孟子師說》尾〈由堯舜至於湯〉章透露了「梨洲有道統的擔負,故難超脫於門戶之爭」一語和四庫館臣謂《明儒學案》的門戶關懷一事,批評他們「以門戶之俗見掩蓋了學術的公義」。劉氏說:「梨洲遵循一些哲學上的原則,有他一定的取捨的標準,要批評他要由哲學上著眼,看他的議論是否稱理,焉能以小人之心,度君子之腹,去胡亂猜測他的動機。」見劉述先:《黃宗羲心學的定位》,頁126~128。首先,要批評黃宗羲是否必須「要由哲學上著眼」,這一觀點是否能成立還需深究。再者,劉氏焉知四庫館臣的結論不是基於對《明儒學案》的深入解讀,而必定由於「以小人之心,度君子之腹,去胡亂猜測他(黃宗羲)的動機」。劉述先對諸君的批評或有失公允。

者遂疑其玩物。又其心慮學者之躐等，而或失之於妄作，使必先之以格致而無不明，然後有以實之於誠正而無所謬。世之學者掛一漏萬，求之愈繁而失之愈遠，至有疲力終身，苦其難而卒無所入，則遂議其支離，不知此乃後世學者之弊，當時晦菴之自爲，亦豈至是乎？僕嘗以爲晦菴之與象山，雖其所爲學者若有不同，而要皆不失爲聖人之徒。今晦菴之學，天下之人童而習之，既已入人之深，有不容於論辨者。獨象山之學，則以其常與晦菴之有言，而遂藩籬之。使若由、賜之殊科焉，則可矣；乃擯放廢斥，若碔砆之與美玉，則豈不過甚矣乎？夫晦菴折衷群儒之說，以發明《六經》、《語》、《孟》之旨於天下，其嘉惠後學之心，眞有不可得而議者。而象山辨義利之分，立大本，求放心，以示後學篤實爲己之道，其功亦寧可得而盡誣之！而世之儒者附和雷同，不究其實而概目之以禪學，則誠可冤也已。（〈答徐成之〉）〔註42〕

從《學案》選載的這段文字中，我們可見陽明曾爲陸象山遭受禪諍的不平提出申訴。他認爲象山「未嘗不教其徒讀書窮理」，但議者卻獨以其「易簡覺悟之說」，疑其近於釋氏。反觀晦翁，其「何嘗不以尊德性爲事」，世之學者卻議晦翁之學過於支離。陽明指出所幸在朱學成爲「天下之人童而習之」後，對晦翁的控訴已「有不容於於論辨者」。陽明痛惜論者在擁護朱學之餘，卻不能如視子路與子貢爲同門殊科一樣，來欣賞包容象山之學，反而繼續孤立並排斥象山之學爲流於禪。順便一提，陽明之學既亦被視爲類禪，他爲象山駁正的言論可否採信？對此，黃宗羲可謂面面俱到。他不僅收錄澄清陽明學非禪的內容，甚至以陽明論儒釋之功勝於程明道（1032～1085）的讚譽許之。他甄錄陽明〈答黃宗賢、應原忠〉的一段文字，內容主要是辯釋儒釋之異。在此條文字後，他附有案語曰：「已見後方知難，政爲此鏡子時時不廢拂拭。在儒釋之辨，明道尚泛調停，至先生（王陽明）始一刀截斷。」〔註43〕

　　事實上，《學案》裡不只是陽明爲象山抱屈，就是屬於程、朱學統的魏莊渠（生卒年不詳，1505 年進士）也以陸九淵的學問爲大道。魏莊渠謂「象山天資甚高，論學甚正，凡所指示，坦然如由大道而行。但氣質尚粗，鍛煉未

〔註42〕　〔清〕黃宗羲：《明儒學案》，卷 10，〈姚江學案・文成王陽明先生守仁〉，1：197～198。

〔註43〕　〔清〕黃宗羲：《明儒學案》，卷 10，〈姚江學案・文成王陽明先生守仁〉，1：185。

粹，不免好剛使氣，過爲抑揚之詞，反使人疑。昔議其近於禪學，此某之陋也」〔註44〕，所以宗羲評論說：「先生疑象山爲禪，其後始知爲坦然大道，則於師門之教，又一轉矣。」〔註45〕魏莊渠私淑於胡敬齋，可見程、朱系統中也有爲象山辯白者。

《學案》除了載錄世儒以象山之學入於釋氏的文字，也多次提出並甄錄了白沙和陽明同樣陷於入禪之誣的相關言論。〈文恭羅念菴先生洪先〉學案中就有這麼一段話：

> 《困辨錄》者，聶雙江公拘幽所書，其下附語，余往年手所箋也。同年貴溪原山江君懋桓獲而讀之，取其契於心者，抄以自隨。已而作令新寧，將刻以授諸生，問決於余。余惟白沙主靜之言出，而人以禪諍，至於陽明，諍益甚，以致良知之與主靜無殊旨也。而人之言良知者，乃復以主靜諍。其言曰：「良知者，人人自能知覺，本無分於動靜，獨以靜言，是病心也。」自夫指知覺爲良知，而以靜病心，於是總總然但知即百姓之日用，以證聖人之精微，而不知反小人之中庸，以嚴君子之戒懼。不獨二先生之學脈日荒，即使禪者聞之，亦且呫嗶而失笑，不亦遠乎！夫言有攸當，不知言，無以學也。良知猶言良心，主靜者求以致之，收攝保聚，自戒懼以入精微。彼徒知覺焉者，雜眞妄而出之者也。主靜則不逐於妄，學之功也。何言乎其雜眞妄也？譬之於水，良知，源泉也，知覺，其流也，流不能不雜於物，故須靜以澄汰之，與出於源泉者，其旨不能以不殊。此雙江公所爲辨也。雖然，余始手箋是錄，以爲字字句句無一弗當於心，自今觀之，亦稍有辨矣。公之言曰：「心主乎內，應於外，而後有外，外其影也。」心果有內外乎？又曰：「未發，非體也，於未發之時，而見吾之寂體。」未發，非時也，寂無體，不可見也。見之謂仁，見之謂知，道之鮮也。余懼見寂之非寂也，是故自其發而不出位者言之，謂之寂；自其常寂而通微者言之，謂之發。蓋原其能戒懼而無思爲，非實有可指，得以示之人也。故收攝保聚可以言靜，而不可謂爲寂然之體；喜怒哀樂可以言時，而不可謂無未發之

〔註44〕　〔清〕黃宗羲：《明儒學案》，卷3，〈崇仁學案三・恭簡魏莊渠先生校〉，1：63。

〔註45〕　〔清〕黃宗羲：《明儒學案》，卷3，〈崇仁學案三・恭簡魏莊渠先生校〉，1：48。

中。何也？心無時亦無體，執見而後有可指也。《易》曰：「聖人立
象以盡意，繫辭以盡言」，言固不盡意也。〈坤〉之〈震〉、〈剝〉之
〈復〉，得之於言外，以證吾之學焉可也。必也時而靜、時而動，截
然內外如卦爻然，果聖人意哉？余不見公者四年，不知今之進退復
何如也。江君早年亦嘗以禪證學，已而入象山，得之靜坐，旁探博
證，遂深有契於公。新寧故新會地，白沙之鄉也，豈無傳其遺言者
乎？如有言主靜而異於公者，幸反覆之，不有益於我，必有益於人，
是良知也。（〈讀《困辨錄抄》序〉）〔註46〕

羅念菴（1504～1564）乃江右學派代表人物，他撰寫〈讀《困辨錄抄》序〉
時說：「白沙主靜之言出，而人以禪諍，至於陽明，諍益甚，以致良知之與主
靜無殊旨也。而人之言良知者，乃復以主靜諍。」人們視白沙之學為禪，
而其後陽明亦遭逢同樣的指議，念菴更謂白沙的「主靜」與陽明的「致良
知」旨意雷同。《學案》採擇上述材料，勾勒出陽明與白沙學說如出一轍的印
象。〔註47〕

　　《學案》反復強調白沙和陸、王之學一樣面對入禪的指摘。白沙與陽明
之學問被斥為禪學，儼然是因為學承象山而得來的共同宿命。故若說他們
三者學有淵源，便不足為奇。但對於三人逃禪的這些指控，在《學案》裡並
非存而不論。上述的〈白沙學案〉中，宗羲就指出羅整菴論述上的罅隙，
說明羅氏批評白沙入於禪是因為他不識白沙學的真髓。在白沙弟子張詡的學
案中，宗羲以白沙評價弟子的言論為憑，先肯定張東所之所得於師者深，
再將話鋒轉到白沙遭禪諍一事上。他說：「白沙論道，至精微處極似禪。其所

〔註46〕〔清〕黃宗羲：《明儒學案》，卷18，〈江右王門學案三‧文恭羅念菴先生洪先〉，
　　　　1：420～421。

〔註47〕〈文恭羅念菴先生洪先〉的學案中還採錄了羅氏〈困辨錄後序〉的文字，內
　　　　容揭露了當時陽明的良知說遭禪諍的聲浪不絕於耳：「余讀雙江聶君《困辨
　　　　錄》，始而灑然無所疑，已而恍然有所會，久而津津然不能舍。於是附以己
　　　　見，梓之以傳。而或者謂曰：『言何易也，自陽明先生為良知之說，天下議之
　　　　為禪，嘵嘵然至於今未已也。夫良知合寂感內外而言之者也，議者猶曰：『此
　　　　遺物也，厭事理之討論者也。』今而曰：『吾內守寂者也，其感於外者，皆非
　　　　吾之所能與。』其不滋為可異歟？夫分寂感者，二其心者也；分內外者，析
　　　　其形者也。心譬則形之目者也，目不能不發而為視，視不能不發而為萬物，
　　　　離物以為視，離視以為目，其果有可指乎？吾懼嘵嘵然於聶君者，又未已
　　　　也。』……」〔清〕黃宗羲：《明儒學案》，卷18，〈江右王門學案三‧文恭羅
　　　　念菴先生洪先〉，1：419。

以異者，在『握其樞機，端其銜綏』而已。禪則並此而無之也。奈何論者不察，同類並觀之乎！」〔註48〕《學案》認爲論者未審其實，妄指白沙爲異教之徒。

白沙之學被誤以爲近禪，則斷不是循程、朱之學而來。雖非屬程、朱一脈，《學案》不忘強調白沙所事仍是儒學眞傳。在〈文敬胡敬齋先生居仁學案〉的敘傳中，就有段論述可說明此意：

> 其（胡居仁）以有主言靜中之涵養，尤爲學者津梁。然斯言也，即白沙所謂「靜中養出端倪，日用應酬，隨吾所欲，如馬之御銜勒也」，宜其同門冥契。而先生必欲議白沙爲禪，一編之中，三致意焉，蓋先生近於狷，而白沙近於狂，不必以此而疑彼也。〔註49〕

宗義先是論胡敬齋的學問，卻又因陳獻章和胡居仁皆遊於吳與弼之門，牽引出白沙的「靜中養出端倪」與敬齋的「靜中之涵養」是「同門冥契」之說。接著，他又闡明敬齋會批評白沙近禪的主因是敬齋本身學近於狷者，而白沙則近於狂者。學者呂妙芬指出宗義此語恰切地點出二人生命、學問的特質，她認爲陳獻章「勇於破除朱學之範圍、歌頌契悟自然的眞樂」和胡居仁的「遵循名教禮法、篤守程、朱矩矱」確實分別表現了狂者之「進取」和狷者之「有所不爲」。〔註50〕這固然爲宗義說兩人有狂狷之分作了注釋，但更值得注意的是：一、黃宗義爲什麼要在胡敬齋的學案裡來爲白沙辯白？二、黃宗義企圖緩解敬齋對白沙的不滿，更主張二人學有相契，只是各爲狂狷之徒，這一番表述爲我們提供了什麼訊息？

針對以上第一個問題，爲何宗義不索性將敬齋誹誚白沙的文字拒於敬齋的學案之外，而是選擇談論此事呢？首先，宗義對於儒者批評白沙入禪的言論，依前所述，大致不會置若罔聞。〔註51〕更重要的是，胡居仁《居業錄》

〔註48〕〔清〕黃宗羲：《明儒學案》，卷6，〈白沙學案下·通政張東所先生詡〉，1：95。另外，梨洲也曾因爲白沙弟子所撰之詩有事禪之嫌，便指明說：「按先生（謝祐，白沙弟子）之詩，未免竟是禪學，與白沙有毫釐之差」，澄清與白沙無關。見〔清〕黃宗羲：《明儒學案》，卷6，〈白沙學案下·謝天錫先生祐〉，1：107。

〔註49〕〔清〕黃宗羲：《明儒學案》，卷2，〈崇仁學案二·文敬胡敬齋先生居仁〉，1：30。

〔註50〕呂妙芬：《胡居仁與陳獻章》，頁167～170。

〔註51〕事實上，《學案》選錄了不少明儒批評王門之徒入禪的文字，並提出駁正。像〈舉人楊天游先生應詔〉的學案就揭示楊應詔（涇野門人）與「當世講學者

一編中對陳獻章誹議再三，這是《學案》在撮述敬齋學問時不可回避的話題，若刻意略之而不提則或影響《學案》的公信力。故既然不能掩人耳目，〈敬齋學案〉勢必要收錄胡居仁彈議白沙的文字，如：「陳公甫云：『靜中養出端倪。』〔註52〕又云：『藏而後發。』是將此道理來安排作弄，都不是順其自然」〔註53〕；「陳公甫亦窺見些道理本原，因下面無循序工夫，故遂成空見」〔註54〕；還有「陳公甫說『物有盡而我無盡』，即釋氏見性之說。他妄想出一個不生不滅底物事在天地間，是我之眞性，謂他人不能見、不能覺，我能獨覺，故曰：『我大、物小，物有盡而我無盡。』殊不知物我一理，但有偏正清濁之異。以形氣論之，生必有死，始必有終，安得我獨無盡哉！以理論之，則生生不窮，人與物皆然。」〔註55〕但出乎意料的是，雖然《學案》選擇採錄敬齋對白沙的批評，〔註56〕卻不像在上述的〈通政張東所先生詡〉的學案裡一樣採取加以駁正的立場。〔註57〕宗義反而提出白沙與敬齋其實「同門冥

無不與往復，而於心齋、龍溪，爲陽明之學者，皆有微疵。」見〔清〕黃宗義：《明儒學案》，卷8，〈河東學案下・舉人楊天游先生應詔〉，1：154～155。楊天遊的學案裡就相應地收錄了他批評龍溪恐爲禪的文字：「龍溪曰：『學者只要悟。』余謂：『不解辯吾道禪說是非，不算作眞悟。』龍溪曰：『學者只要個眞種子方得。』余謂：『不能透得聲色貨利兩關，不算作眞種子。』」同前注，1：157。但宗義斥楊氏之學「其言多自誇大，而雌黃過甚，亦非有道氣象。如『工夫即本體』，此言本自無弊，乃謂『本體光明，猶鏡也；工夫，刮磨此鏡者也』。若工夫即本體，謂刮磨之物即鏡，可乎？此言似是而非。夫鏡也，刮磨之物也，二物也，故不可以刮磨之物即鏡。若工夫本體，同是一心，非有二物，如欲歧而二之，則是有二心矣。其說之不通也。」同前注，1：155。由此可見，宗義對於明儒指摘陽明後學爲禪多有留心，此亦可察其回護王學的傾向。

〔註52〕見〔清〕黃宗義：《明儒學案》，卷2，〈崇仁學案二・文敬胡敬齋先生居仁〉，1：35。

〔註53〕同前注。

〔註54〕同前注。

〔註55〕同前注。

〔註56〕關於胡居仁對陳獻章的批評，呂妙芬歸納出六點：一、認氣作理，二、物我二理，三、強包萬物入胸中，四、屛絕思慮，五、不讀書，六、欠缺下學工夫。詳見呂妙芬：《胡居仁與陳獻章》，頁51～58。

〔註57〕章沛就曾言：「胡居仁的認白沙爲禪，很明顯的，在於他並沒有全面的瞭解白沙哲學，不瞭解白沙哲學的整個體系結構，而只是根據部分資料，望文生義地推想的結果。」見章沛：《陳白沙哲學思想研究》，頁255。讀之，不禁教人要問黃宗義爲何不直接像在其他學案裡那樣反駁胡居仁的控訴，而選擇緩解胡氏對白沙的對立情緒。

契」一說，更總結出白沙爲「儒之狂者」一語。宗羲似乎是以退爲進，先是強調兩人同得儒門眞傳，再以兩人同中有異來消弭敬齋對白沙的指控。〔註58〕宗羲爲何要選擇這樣處理敬齋對白沙的指控呢？

宗羲不諱言敬齋與白沙同門相契，不啻表明白沙同敬齋皆是學從眞儒，而非敬齋所謂的釋氏。他以白沙和敬齋分別爲狂者、狷者的言論，不但巧妙地聲明瞭白沙之學仍不離儒家傳統，遏止學者以敬齋訾議白沙爲禪的種種言論爲實，促請學者不復對白沙之學存有疑議，同時又與自稱「點也雖狂得我情」〔註59〕的陽明再次有所聯繫。四庫館臣指出宗羲以獻章和居仁的學問指歸爲「同門冥契」，乃犯附會之失。《居業錄》之提要有言：

> 居仁與陳獻章皆出吳與弼之門，與弼之學介乎朱、陸之間，二人各得其所近。獻章上繼金谿，下啓姚江。居仁則恪守新安，不逾尺寸，故以敬名其齋。而是書之中，辨獻章之近禪，不啻再三。蓋其人品端謹，學問篤實，與河津薛瑄相類。而是書亦與瑄《讀書錄》並爲學者所推。黃宗羲《明儒學案》乃謂其主言靜中之涵養，與獻章之靜中養出端倪，同門冥契。特牽引附合之言，非篤論也。〔註60〕

館臣們認爲「吳與弼之學介乎朱、陸之間」，居仁得其朱學矩矱，而獻章則從

〔註58〕 章沛認爲黃宗羲以胡居仁爲狷者，陳獻章爲狂者是「一種調和的説法」。他説這樣處理兩人的不同與黃宗羲「在哲學見解上的折衷主張很有關係」，但並未具體説明所謂的黃宗羲的「折衷主張」的内涵。見章沛：《陳白沙哲學思想研究》，頁 255～256。

〔註59〕 《王文成全集》中的〈年譜三〉載有嘉靖二年八月，王陽明宴門人於天泉橋一事：「中秋月白如晝，先生命侍者設席於碧霞池上，門人在侍者百余人。酒半酣，歌聲漸動。久之，或投壺聚算，或擊鼓，或泛舟。先生見諸生興劇，退而作詩，有『鏗然舍瑟春風裡，點也雖狂得我情』之句。明日，諸生入謝。先生曰：『昔者孔子在陳，思魯之狂士。世之學者，沒溺於富貴聲利之場，如拘如囚，而莫之省脱。及聞孔子之教，始知一切俗緣皆非性體，乃豁然脱落。但見得此意，不加實踐以入於精微，則漸有輕滅世故，闊略倫物之病。雖比世之庸庸瑣瑣者不同，其爲未得於道一也。故孔子在陳思歸，以裁之使入於道耳。諸君講學，但患未得此意。今幸見此，正好精詣力造，以求至於道。無以一見自足而終止於狂也。』」見〔明〕王守仁：《王文成全集》（新編本），卷 34，（杭州：浙江古籍出版社，2010 年），4：1300。此處所言之詩爲《月夜二首》（與諸生歌於天泉橋），詳見〔明〕王守仁：《王文成全集》（新編本），卷 20，3：823。

〔註60〕 見《居業錄》提要，收入《景印文淵閣四庫全書》，714：1b。

其陸學心得，兩人只是「各得其所近」，這實際上與宗羲的狂狷之論同調。錢穆則認為吳與弼乃一意尊朱，而其能學朱，自兼陸，故不必說康齋之學兼采朱、陸之長。〔註61〕但錢氏強調白沙與敬齋的治學工夫異同判然，以為梨洲之言二者同門相契之說未可信矣。〔註62〕他說敬齋譏斥白沙「所見超然，不為物累，而不屑為下學，故不覺流於黃、老」，另一方面自己又特強調「下學」和「先儒傳義」，可見敬齋「特內外本末輕重之間，不能大氣並包而達於融合一貫。徒求之於形似之間，則若白沙無大相異耳。」〔註63〕錢穆以為敬齋發揮程、朱心學，主張心與理一，言下學養心篤行，重約禮更重於博學。白沙「知求『心即理』之境界，卻不細下到達此境界之工夫，便來自己身上尋樂，放開太早，求樂太早；敬齋則在此工夫上仔細用心，故能謹嚴為學；此乃兩人之異。」〔註64〕綜觀上述，館臣和錢穆說白沙、敬齋並非「同門相契」，是以兩人的治學工夫相異而論。這是從微觀上說。但宗羲所謂的「同門冥契」，則是從宏觀的角度說明兩人的治學取向基本上是同屬儒家體系，這是相對於禪學而言的。

有趣的是，關於敬齋之治學及其歷數白沙之過一事，受業於白沙門下的陳茂烈〔註65〕（生卒年不詳）則有稍異於黃宗羲的一番體會。《閩中理學淵源考》記載他嘗與友人論學書，曰：

> 承示胡敬齋書，日不釋手，議論精切，用心良苦。假所修如之，當於吾道中求之也，恨生晚而未考其世焉。至於論白沙、一峰二先生與丘文莊、張東白，頗有抑揚。蓋一時之言而非蓋棺之論也。文莊二公，吾不及知。一峰之志節尚矣。白沙之學，而疑其禪，非真知白沙者也。人一心也，其用一耳。士以記誦辭章競科名，日趨於下

〔註61〕「康齋正值《大全》學文字訓釋之全盛時期，雖一意尊朱，一意尊朱子之《四書》，而能不墮入於箋注之繁，敦勵踐行，而亦不墮入於心學之玄。前有吳草廬，後有程敏政，皆激於時風，欲並提朱陸以為矯挽，而康齋獨不然。」見錢穆：《中國學術思想史論叢（七）》，頁6～7。

〔註62〕見錢穆：《中國學術思想史論叢（七）》，頁6～25。

〔註63〕見錢穆：《中國學術思想史論叢（七）》，頁10～11。

〔註64〕見錢穆：《中國學術思想史論叢（七）》，頁13～19。

〔註65〕陳茂烈字時周，福之莆田人。年十八，即有志聖賢之學，謂顏之克己、曾之日省，學之法也，作《省克錄》以自考。登弘治丙辰進士第。奉使廣東，受業白沙之門。白沙語以為學主靜，退而與張東所論難，作《靜思錄》。見〔清〕黃宗羲：《明儒學案》，卷6，〈白沙學案下・禦史陳時周先生茂烈〉，1：104。

矣，向上將誰主耶？世方以是相率，任道者憂之，故曰：「古人棄糟
粕，糟粕非眞傳。」又曰：「莫笑世間無著述，眞儒不是鄭康成。」
正懼其功倍於小學而妨此大道也。白沙之初見康齋而歸也，閉戶窮
盡古今典籍，又築台靜坐，不出閫外者數年。深潛靜思，眞積力久，
心悟理融，而自得之妙，非人所能知也。〔註66〕

陳茂烈感佩敬齋之議論。至於白沙，他認爲其學乃「自得之妙」，故不能盡知
者則或疑其爲禪。他接著指出敬齋疑白沙近禪的原因，說：

敬齋亦學於康齋同門者也，諒未及面而資麗澤之益，又未知其發言
之由，無怪乎其作疑也。自今效之，敬齋懼學者捨下學而躐於上
達，若白沙則懼學者逐口耳而忘乎身心也。竊嘗細玩〈尊德性道問
學〉一章，學聖賢之法備矣。然人之氣稟不一，清者知之勝，淳者
行之勝，無偏廢焉。所入異而所造一矣，安得起敬齋於九原，相與
細詳。〔註67〕

陳茂烈委婉地道出敬齋或因爲未及親炙於白沙，故未知白沙所言之由。他也
中肯地點出兩人戒勸後學者各有緣由：敬齋警惕學者莫「捨下學而躐於上
達」；白沙戒飭學者不可「逐口耳而忘乎身心」。同樣是就敬齋疑白沙入禪的
原因爲論，同樣是以兩人之氣稟與治學上的進路來作說明，但陳茂烈不像黃
宗羲那樣企圖否定敬齋的說法，只是坦言如能與敬齋晤談，則或以先生與白
沙「所入異而所造一矣」之言來使之斟酌前說。他認爲兩人其實是異中趨同，
各是其是。梨洲一來則先模糊兩人治學上的分際，消釋兩人之間的衝突，強
調敬齋和白沙均是發揮孔門宗旨的鴻儒，但又指出前者爲狷，後者爲狂，這
不啻是同中求異，謂兩人只是在儒家聖域裡各有門戶可守。

宗羲言之鑿鑿，牽引附會，謂兩人同門默契，又說白沙爲儒之狂者。
其效果有二：一方面說明白沙所事與敬齋無不同，皆是爲復興眞儒之學；
另一方面，又以此強調白沙之學非禪，只是有別於敬齋所奉之程、朱體系。
〔註68〕總而言之，在黃宗羲的論述下，白沙既是儒之狂者，又爲尊朱的敬齋

〔註66〕見〔清〕李清馥：《閩中理學淵源考》，460：555b~556a。
〔註67〕見〔清〕李清馥：《閩中理學淵源考》，460：556a。
〔註68〕學者劉述先就曾直接點出黃宗羲服膺於陽明《朱子晚年定論》的說法，「即把
朱子、象山都當作聖學的支脈看待，而去除了禪宗的忌諱。同樣的道理也適
用於陽明本人。朱學、王學都大有功於聖學。」見劉述先：《黃宗羲心學的定
位》，頁61~62。在此，梨洲謂敬齋和白沙皆爲同門（儒家聖學），不啻也體

所攘斥，若說他與陽明在程、朱之外自成體系則確可信據。倘使敬齋與梨洲
辯論，堅持唯有朱學才是儒學之正宗，梨洲或會舉敬齋本人之言回覆說：「一
本而萬殊，萬殊而一本，學者須從萬殊上一一窮究，然後會於一本。若不於
萬殊上體察，而欲直探一本，未有不入異端者。」〔註69〕依敬齋的言論，學
有萬殊，如一味獨尊朱學，則恐淪為異端。當然，《學案》裡也載錄了敬齋的
這番言論。

　　綜上，對於崇尚朱學的儒者批評陳獻章之言論，宗羲多會加以引錄並加
以疏證。前章舉〈太僕夏東巖先生尚樸〉等學案時，已略為及之。雖然梨洲
在〈敬齋學案〉中編選了不利於白沙的材料，但他也預先在敬齋的敘傳中婉
轉地為白沙辯白，為讀者打了預防針，勸請讀者不必以敬齋之言而疑白沙為
禪。事實上，宗羲對於白沙的評論散見於《學案》裡的多篇文字。他如此處
理材料，既在《學案》裡產生互見效果，讓讀者在個別的學案裡瞭解白沙學
問的相關課題，又借著呈現宗朱一派批評陳白沙學問的論述，誘出白沙不屬
於朱子門戶的潛臺詞。與此情況相反的是：梨洲在陽明後學的學案中收錄他
們褒獎白沙學問的材料。合而觀之，《學案》一方面採錄朱子後學批評白沙的
負面評語，另一方面則摘抄陽明後學對白沙之學所給予的正面評價。白沙同
陽明為朱子之外的另一門戶的印象便在《學案》中以不同的方式不時地浮
現。像是上述的羅念菴的學案裡就載錄了肯定及闡明白沙學說的文字：「白沙
致虛之說，乃千古獨見，致知續起，體用不遺。今或有誤認倡狂以為廣大，
又喜動作，名為心體，情欲縱恣，意見橫行，後生小子敢為高論，蔑視宋
儒，妄自居擬，竊慮貽禍斯世不小也」（〈與吳疏山〉）〔註70〕、「白沙先生之
學，以自然為宗，至其得要，則隨動隨靜，終日照應，而不離彼」（〈跋白沙
詩〉）〔註71〕、「白沙詩云：『千休千處得，一念一生持。』於千休之中而持一
念，正出萬死於一生者也。今言休而不提一念，便涉茫蕩，必不能休。言念
而未能千休，便涉支離，亦非真念。苟不知念則亦無所謂能休者，能念不期

現了同樣的道理。循此而論，王學分明是繼象山和白沙而來的聖學道脈之一，
　　和禪宗毫無瓜葛。
〔註69〕見〔清〕黃宗羲：《明儒學案》，卷2，〈崇仁學案二‧文敬胡敬齋先生居仁〉，
　　1：38～39。
〔註70〕〔清〕黃宗羲：《明儒學案》，卷18，〈江右王門學案三‧文恭羅念菴先生洪先〉，
　　1：394。
〔註71〕〔清〕黃宗羲：《明儒學案》，卷18，〈江右王門學案三‧文恭羅念菴先生洪先〉，
　　1：422。

休而自休矣」（〈示門人〉）。〔註72〕梨洲稱念菴爲能傳陽明之眞者，〔註73〕而念菴對白沙讚譽有加，豈不說明白沙之說更受學宗陽明者的擁護。梨洲在各個陽明後學的學案中收錄了不少以白沙之言爲妙諦者的言論。〔註74〕《學案》甄采這類材料，正體現了白沙和陽明學之相符契。〈主事何善山先生廷仁〉學案足爲例證之一。

何廷仁（生卒年不詳）知新會縣時，喜曰：「吾雖不及白沙之門，幸在其鄉，敢以俗吏臨其子弟耶？」〔註75〕學案起首便載善山雖不及白沙之門，卻以知新會縣（白沙之鄉）爲幸事。宗羲接著記述道：

> 初聞陽明講學，慨然曰：「吾恨不得爲白沙弟子，今又可失之耶！」相見陽明於南康。當是時，學人聚會南、贛，而陽明師旅旁午，希臨講席。先生即與中離、藥湖諸子接引來學。先生心誠氣和，不厭縷覼，由是學者益親。已從陽明至越，先生接引越中，一如南、

〔註72〕　〔清〕黃宗羲：《明儒學案》，卷18，〈江右王門學案三・文恭羅念菴先生洪先〉，1：424。

〔註73〕　「先生於陽明之學，始而慕之，已見其門下承領本體太易，亦遂疑之。及至功夫純熟，而陽明進學次第，洞然無間。天下學者，亦遂因先生之言，而後得陽明之眞。其曉曉以師說鼓動天下者，反不與焉。」〔清〕黃宗羲：《明儒學案》，卷18，〈江右王門學案三・文恭羅念菴先生洪先〉，1：387。

〔註74〕　陽明弟子如王龍溪就非常推崇陳白沙，他說：「白沙是百原山中傳流，亦是孔門別派，得其環中以應無窮，乃景象也。……」（《霓川別語》）見〔清〕黃宗羲：《明儒學案》，卷12，〈浙中王門學案二・郞中王龍溪先生畿〉，1：252。龍溪還將自己的悟入經驗和陳白沙的悟境相比擬，他說：「久之，忽覺此心推移不動，兩三日內如癡一般，念忽停息，若有一物胸中隱隱呈露，漸發光明。自喜此處可是白沙所謂「靜中養出端倪」？此處作得主定，便是把握虛空，覺得光明在內，虛空在外，以內合外，似有區宇，四面虛空，都是含育這些子，一般所謂「以至德凝至道」，似有印證。……」（以上《贈思默》）同前注，1：253。陽明後學中有唐順之（1507～1560），其學案中收錄了他稱許陳獻章的文字：「……白沙『色色信他本來』一語，最是形容天機好處。若欲求寂，便不寂矣，若有意於感，非眞感矣。」（以上《與王道思》）見〔清〕黃宗羲：《明儒學案》，卷26，〈南中王門學案二・襄文唐荊川先生順之〉，1：600。另有鄒元標（1551～1624），他說「有因持志入者，如識仁則氣自定；有由養氣入者，如氣定則神目凝；又有由交養入者，如白沙詩云：『時時心氣要調停，心氣功夫一體成。莫道求心不求氣，須教心氣兩和平。』此是先輩用過苦功語。」（《青原會記》）見〔清〕黃宗羲：《明儒學案》，卷23，〈江右王門學案八・忠介鄒南臬先生元標〉，1：539。

〔註75〕　〔清〕黃宗羲：《明儒學案》，卷19，〈江右王門學案四・主事何善山先生廷仁〉，1：451。

贛。陽明歿後，與同志會於南都，諸生往來者恒數百人。故一時爲
之語曰：「浙有錢、王，江有何、黃。」指緒山、龍溪、洛村與先生
也。〔註76〕

何廷仁以不得爲白沙弟子爲憾，後得聞陽明講學時，便慨歎不可再失良機。
《學案》選錄善山此段自白，示意白沙和陽明之間學有淵源。另外，他也在
此學案中收錄了善山襃揚象山的言論：

象山云：「老夫無所能，只是識病。」可見聖賢不貴無病，而貴知病，
不貴無過，而貴改過。今之學者，乃不慮知病即改，卻只慮有病。
豈知今之學者，要皆半路修行者也，習染既深，焉能無病？況有病
何傷？過而能改，雖曰有病，皆是本來不染，而工夫亦爲精一實學
耳。〔註77〕

綜上所述，可見《學案》採錄了陽明後學師仰白沙與象山的說辭，以勾繪出
三人的師承關係。

另一種特殊情況則是陽明流裔若批評白沙，《學案》便會加以非之：

先生（尤時熙）因讀《傳習錄》，始信聖人可學而至，然學無師，終
不能有成，於是師事劉晴川。……以白沙「靜中端倪」爲異學，此
與胡敬齋所言「古人只言涵養，言操存，曷嘗言求見本體」，及晦翁
「惟應酬酢處特達見本根工夫」一也。靜中養出端倪，亦是方便法
門，所謂觀喜怒哀樂未發以前氣象，總是存養名目。先生既掃養出
端倪，則不得不就察識端倪一路，此是晦翁晚年自悔「缺卻平時涵
養一節工夫」者也，安可據此以爲學的？先生言「近談學者多說良
知上還有一層」爲非，此說固非，然亦由當時學者以情識爲良知，
失卻陽明之旨，蓋言情識上還有一層耳。若知良知爲未發之中，決
不如此下語矣。〔註78〕

尤時熙（1503～1580）爲陽明後學，卻以白沙「靜中端倪」爲異學，宗羲終
究還是爲白沙辯護，指出「靜中養出端倪，亦是方便法門」，尤西川不該有所

〔註76〕〔清〕黃宗羲：《明儒學案》，卷19，〈江右王門學案四・主事何善山先生廷仁〉，
　　　　1：452。
〔註77〕〔清〕黃宗羲：《明儒學案》，卷19，〈江右王門學案四・主事何善山先生廷仁〉，
　　　　1：455。
〔註78〕〔清〕黃宗羲：《明儒學案》，卷29，〈北方王門學案・主事尤西川先生時熙〉，
　　　　1：638～639。

摒棄，更何況這進路乃是「晦翁晚年自悔『缺卻平時涵養一節工夫』者也」。
故儘管陽明後學也有批評白沙者，但宗羲仍是堅持偏任白沙。以上所示可見
宗羲借由朱子和陽明的後學對白沙的褒貶與奪，以較迂迴的方式建立起白沙
與陽明同屬一門戶的局面。

其實，《學案》裡也有徑直注明白沙並不是學宗朱學。像在〈文毅羅一峰
先生倫〉的學案裡，梨洲就直接強調白沙之學和程、朱後學的不相涉：

> 羅倫字彝正，學者稱一峰先生。……先生與白沙稱石交，白沙超悟
> 神知，先生守宋人之途轍，學非白沙之學也，而皭然塵垢之外，所
> 見專而所守固耳。〔註79〕

羅倫學宗程、朱，與白沙交情甚篤，兩人惺惺相惜。羅倫更稱「自立其大者」，
獨陳獻章能之，對他敬仰不已。〔註80〕由於他們書信來往頻繁，〔註81〕宗羲
不得不明言兩人之學不甚相侔，以便教白沙和羅倫所奉之朱學做切割。宗羲
稱羅一峰「守宋人之途轍」，其學案中也相應地甄錄了一峰主敬，強調「戒謹」
的論述，示意其學與白沙的「自得之妙」大相徑庭。譬如：「進善無足處，有
足便小了。臧否人物，此是一件不好勾當。稱善雖是美事，然必見得透，恐
為僞人所罔。」〔註82〕又「居喪須避嫌疑，不可自信而已。古人之受汙者，
多以此，人或以是汙之，亦無路分說也。」〔註83〕以宗羲所引文字足見羅一
峰謹小慎微的持敬工夫，與白沙的「超悟神知」和「自信自樂」〔註84〕之為
道精神相去甚遠。但事實上，如上文所及，羅一峰曾言「非全放下，終難湊

〔註79〕〔清〕黃宗羲：《明儒學案》，卷45，〈諸儒學案上三・文毅羅一峰先生倫〉，2：
1071～1072。

〔註80〕〔明〕陳獻章：《陳獻章集》，〈送白沙陳先生序〉，2：923～924。

〔註81〕陳獻章與羅倫有諸多詩信酬酢往來，如〈與羅一峰七則〉（1：156～159）、〈代
簡答羅一峰殿元〉（1：280）、〈題羅一峰，贈馬龍道南卷〉（1：336）、〈有傳
羅一峰觀化二首〉（1：339）、〈贈陳梁還程鄉五首〉（2：599）、〈題一峰傳告
後〉（2：620）〈夏贈陳秉常、容昭彥、易德元使永豐謁羅一峰〉（2：694）、
等，無不流露其對一峰的欽慕及兩人深摯的感情。見〔明〕陳獻章：《陳獻章
集》。獻章著有〈告羅一峰墓文〉及〈羅一峰挽詞三首〉，更見其哀思悽楚之
情。見〔明〕陳獻章：《陳獻章集》，1：116～117和2：408。

〔註82〕〔清〕黃宗羲：《明儒學案》，卷45，〈諸儒學案上三・文毅羅一峰先生倫〉，2：
1073。文字截自《一峰文集》，卷8，〈與陳直夫書〉，收入《景印欽定文淵閣
四庫全書》，671：669a。

〔註83〕〔清〕黃宗羲：《明儒學案》，卷四十五，〈諸儒學案上三・文毅羅一峰先生倫〉，
2：1073。

〔註84〕〈白沙先生墓表〉（張詡），見〔明〕陳獻章：《陳獻章集》，2：883。

泊」〔註85〕數語，白沙則質疑他的說法不符朱學，「恐入末得禪」。白沙站在朱子的立場，勸請羅倫謹愼思量，可見白沙謹守朱學的態度，而羅倫也並非全然如《學案》所強調的那麼戒愼拘謹。

　　除了借機指出白沙與朱學的隔閡，黃宗羲也從另一方面把白沙和象山聯繫在一起。在〈郎中陳明水先生九川〉學案裡，宗羲採錄了陳九川（1494～1562）確指白沙與象山之學實歸於一之說：

> 象山人情事變上用工，是於事變間尊其德性也。性無外也，事無外道也，動而無動者也。白沙靜中養出端倪，是磨煉於妄念閑思之間，體貼天理出來。性無內也，道外無事也，靜而無靜者也。是謂同歸一致。〔註86〕

陳九川爲陽明弟子，多次得陽明面授，〔註87〕得陽明之精義。〔註88〕宗羲選錄陳九川斷言象山與白沙「同歸一致」的內容，可見以白沙之學上溯到象山，不單是他個人的偏見。

　　《學案》裡截然以陳獻章爲朱門外之別派者，則見於〈崇仁學案一〉之案序：

> 康齋倡道小陂，一稟宋人成說。言心則以知覺而與理爲二，言工夫則靜時存養，動時省察。故必敬義夾持，明誠兩進，而後爲學問之全功。其相傳一派，雖一齋、莊渠稍爲轉手，終不敢離此矩矱也。白沙出其門，然自敘所得，不關聘君，當爲別派。於戲！椎輪爲大輅之始，層冰爲積水所成，微康齋，焉得有後時之盛哉！〔註89〕

〔註85〕〔明〕陳獻章：《陳獻章集》，〈與羅一峰〉七則，其二，1：157。
〔註86〕〔清〕黃宗羲：《明儒學案》，卷19，〈江右王門學案四‧郎中陳明水先生九川〉，1：14。
〔註87〕「先生（陳明水）自請告入虔師陽明，即自焚其著書。後凡再見，竟所未聞。陽明歿，往拜其墓，復經理其家。」見〔清〕黃宗羲：《明儒學案》，卷19，〈江右王門學案四‧郎中陳明水先生九川〉，1：456。
〔註88〕「按陽明以致良知爲宗旨，門人漸失其傳，總以未發之中，認作已發之和，故工夫只在致知上，甚之而輕浮淺露，待其善惡之形而爲克治之事，已不勝其艱難雜糅矣。……先生則合寂感爲一，寂在感中，即感之本體，感在寂中，即寂之妙用。陽明所謂『未發時驚天動地，已發時寂天寞地』，其義一也，……。」見〔清〕黃宗羲：《明儒學案》，卷19，〈江右王門學案四‧郎中陳明水先生九川〉，1：457。
〔註89〕〔清〕黃宗羲：《明儒學案》，卷1，〈崇仁學案一‧聘君吳康齋先生與弼〉，1：14。

白沙雖出自康齋之門，但他「自敘所得」，與「一稟宋人成說」的康齋無所接
續。宗羲認爲白沙並非恪守朱學矩矱，故「當爲別派」。這也是他爲陳獻章另
立〈白沙學案〉的緣由。另外，〈長史周靜菴先生沖〉的學案裡載道：

> 陽明講道於虔，先生（周靜菴）往受業。繼又從於甘泉，謂「湛師
> 之體認天理，即王師之致良知也。」與蔣道林集師說，爲《新泉問
> 辨錄》。暇則行鄉射投壺禮，士皆斂衽推讓。呂涇野、鄒東廓咸稱其
> 有淳雅氣象。當時王、湛二家門人弟子，未免互相短長，先生獨疏
> 通其旨。故先生死而甘泉歎曰：「道通眞心聽受，以求實益，其異於
> 死守門戶以相訾而不悟者遠矣！」〔註90〕

宗羲引述陽明後學周靜菴（生卒年不詳）的自白，強調甘泉與陽明之學問相
若。面對當時王、湛兩家弟子的門戶之爭，唯有周靜菴能指出兩家之互通聲
息。宗羲爲稽實其說，甚至借重湛甘泉的話：「其（周靜菴）異於死守門戶以
相訾而不悟者遠矣」，來褒獎周靜菴能超然於門戶之外，不曉曉辯數於門戶之
是非。周氏的學案裡也選錄了相關文字：

> 正學不明已久，不須枉費心力，爲朱、陸爭是非。若其人果能立
> 志，決意要如此學，已自大段明白了，朱、陸雖不辨，彼自能覺
> 得。〔註91〕

綜上，《學案》的編纂展現了白沙與學宗朱子的師父吳與弼界限分明，而白沙
之下的高足湛甘泉又與王守仁有所同。這說明白沙的學問並非墨守朱學軌
轍，且又下啓了甘泉及陽明等大儒。但必須指出，宗羲雖通過種種表述來建
立象山、白沙和陽明之間學脈相承的印象，在這之餘，從他稱許周靜菴之言
及所選錄的材料，可知他更蘄冀學者能摒棄互不相容、偏執狹隘的門戶觀念，
使朱、陸兩家能共居儒學正統之位。朱子流裔對陽明後學的大力抵制，兩家
齟齬相惡，各以此非彼，甚至導致王學陷於異端之名。〔註92〕宗羲的訴求可
謂源於當時的宗朱學者對於王學的詆訾。〔註93〕

〔註90〕〔清〕黃宗羲：《明儒學案》，卷25，〈南中王門學案一・長史周靜菴先生沖〉，
　　　　1：583。

〔註91〕〔清〕黃宗羲：《明儒學案》，卷25，〈南中王門學案一・長史周靜菴先生沖〉，
　　　　1：585。

〔註92〕錢穆謂「守仁歿後，浙中、泰州，所在設教，鼓動流俗，意氣倡狂，跡近標
　　　　榜。」陽明後學之行徑引來撻伐，使王學爲儒者所詆病。見錢穆：《宋明理學
　　　　概述》，頁347～348。

〔註93〕學者陳錦忠指出：「王學在萬曆時期，除了備受各方學者的嚴屬非難外；出自

　　總的來說，《學案》基本上一方面回避陳白沙尊朱的言論，另一方面以朱子後學和陽明弟子對陳白沙的種種評議凸顯白沙應爲心學承傳之樞紐人物。但要論象山、白沙與陽明之相承爲儒學正脈，當首推宋儀望（生卒年不詳，1547 年進士，約 1561 前後在世，卒年六十五。）在〈中丞宋望之先生儀望〉的學案中，梨洲謂「先生從學於聶貞襄，聞良知之旨。時方議從祀陽明，而論不歸一，因著《或問》，以解時人之惑。其論河東、白沙，亦未有如先生之親切者也。」〔註 94〕宗義先是肯定了宋氏對白沙學的了若指掌，預示著讀者宋氏對白沙的論斷足以採信。《學案》裡載錄了宋望之《陽明先生從祀或問》中的內容，即使是大篇幅（長者約莫六七千字），宗義也一併收錄。揆諸論述，與宗義的論調極爲相契。以下截取其中的數段文字以資說明：

> 或有問於予曰：「古今學問，自堯、舜至於孔、孟，原是一箇，後之談學者，何其紛紛也？」予答之曰：「自古及今，人同此心，心同此理。所謂理者，非自外至也。〈易繫〉曰：『天地之大德曰生。』人得天地生物之心以爲心，所爲生理也。此謂生理，即謂之性，故性字從心從生。程子曰：『心如穀種。』又曰：「心生道也。」人之心，只有此箇生理，故其眞誠惻怛之意流行，於君臣父子兄弟夫婦朋友，以至萬事萬物之間，親親疏疏，厚厚薄薄，自然各有條理，不俟安排，非由外鑠，是所謂天命之性，眞實無妄者也。自堯、舜以來，其聖君賢相，名儒哲士，相與講求而力行者，亦只完得此心生理而已。此學術之原也。」〔註 95〕

> 或曰：「人之心只有此箇生理，則學術亦無多說，乃至紛紛籍籍，各

泰州一派的王學門徒，在飽受排擊之餘甚至下獄而死的結局，對於王學的名譽與形象所造成的損害尤其嚴重。……明末清初因抨擊王學而痛詆陽明的言論，其激烈的程度不但是空前未有同時也是多至不可勝舉。」可見黃宗義所處之學術政治環境與趨勢確實對王學甚爲不利，陳錦忠又說：「梨洲處此風潮下，以其對陽明之學的深刻體認而言，當然是難以坐聞而欲爲陽明有所辯護了。」詳見陳錦忠：〈黃宗義《明儒學案》著成因緣與其體例性質略探〉，頁 114～118。必須重申，本書認爲黃宗義雖如陳錦忠所言力圖爲陽明辯護、重振王門，但以其不完全排斥朱學，甚至亦有所推重，可確認黃宗義更期許學者能以朱、陸各爲儒學傳統之一員，皆有功於聖學。

〔註 94〕　〔清〕黃宗義：《明儒學案》，卷 24，〈江右王門學案九・中丞宋望之先生儀望〉，1：551。

〔註 95〕　〔清〕黃宗義：《明儒學案》，卷 24，〈江右王門學案九・中丞宋望之先生儀望〉，1：551～552。

立異論，何也？」予曰：「子何以爲異也？」曰：「『精一執中』說者以爲三聖人相與授受，萬世心學之原至矣。成、湯、文、武、周公以後，又曰『以禮制心，以義制事』，曰『緝熙敬止』，曰『敬以直內，義以方外』。孔門之學，專務求仁，孟子又專言集義，曾子、子思述孔子之意，作《大學》、《中庸》，聖門體用一原之學，發明殆盡。至宋儒朱子，乃本程子而疑《大學》古本缺釋格物致知，於是發明其說，不遺餘力。說者謂孔子集群聖之大成，而朱子則集諸儒之大成。其說已三百餘年，至陽明先生始反其說。初則言『知行合一』，既則專言『致良知』，以爲朱子格物之說，不免求理於物，梏心於外。此其說然歟？否歟？」……當時象山陸氏，嘗與反覆辨論，謂其求理於物，梏心於外，非知行合一之旨。兩家門人，各持勝心，遂以陸學主於尊德性，而疑其近於禪寂，朱學專於道問學，而疑其涉於支離。三百年間，未有定論。至我朝敬齋薛氏、白沙陳氏起，而知行合一之說，稍稍復明。世宗始以陸氏從祀孔庭，甚大惠也。正德、嘉靖間，陽明先生起，而與海內大夫學士講尋知行合一之旨。其後因悟《大學》、《中庸》二書，乃孔門傳心要法。故論《大學》謂其『本末兼該，體用一致，格物非先，致知非後，格致誠正，非有兩功，修齊治平，非有兩事』。論《中庸》則謂『中和原是一箇，不睹不聞，即是本體，戒慎恐懼，即是功夫。慎獨云者，即所謂獨知也。慎吾獨知，則天德王道，一以貫之，固不可分養靜慎獨爲兩事也。』學者初聞其說，莫不詫異，既而反之吾心，驗之躬行，考之孔、孟，既又參之濂溪、明道之說，無不吻合。蓋人心本體，常虛常寂，常感常應，心外無理，理即是心，理外無事，事即是理。若謂致知格物爲窮理功夫，誠意正心又有一段功夫，則是心體有許多等級，日用功夫有許多次第，堯、舜、孔、孟先後相傳之學，果如是乎？至於致良知一語，又是先生平日苦心懇到，恍然特悟，自謂得千古聖人不傳之祕。然參互考訂，又卻是《學》、《庸》中相傳緊語，非是懸空杜撰，自開一門戶，自生一意見，而欲爲是以立異也。後來儒者不知精思反求，徒取必在物爲理之一語，至析心與理而二之。又謂『生而知之者義理耳，若夫禮樂名物，古今事變，亦必待學而知，如此則禮樂名物，古今事變，與此心義理爲兩物矣』。此陽明先生所

以力爲之辨，而其學脈宗旨，與時之論者，委若冰炭黑白，此又不
可强爲之說也。」〔註96〕

宋望之認爲王陽明「非是懸空杜撰，自開一門戶，自生一意見」，強調陽明論
學不爲標新立異。宋望之立意恢弘，他從學術之原說起，由上古情況展開議
論，說明「自堯、舜以來，其聖君賢相，名儒哲士，相與講求而力行者，亦
只完得此心生理而已」。然而，人之心既是「只有此箇生理」，爲什麼各家又
要「各立異論」呢？爲什麼陽明會在朱子集諸宋儒之大成後三百年來反晦翁
之說呢？他進而闡述了「此心之精」、「允執厥中」之理，說明在學脈的相傳
中，學者雖是「千古一理，萬聖一心」，他們必定要針對自己所處之時局來互
相切磋以講明正學。故在陽明之前，就有陸學與朱學兩家議論紛然。宋望之
推許象山，又言及白沙在陽明之前已稍復明「知行合一」之說〔註97〕，使白
沙成爲陸、王之間的橋樑，可謂與黃宗羲的想法無枘鑿之乖。宋氏申言，陽
明力辨時論和修身治學的心得，「學者初聞其說，莫不詫異」。他認爲聞者未
肯洗去舊聞，才會聞之色變。但宋望之也指出只要「反之吾心，驗之躬行，
考之孔、孟，既又參之濂溪、明道之說」，則會發現陽明與先賢之心「無不吻
合」。他表示陽明之致良知乃是「得千古聖人不傳之祕」，不但讚譽陽明撰《大
學或問》爲「孔門一以貫之之學」，且不諱言「晦翁晚年定論，亦悔其向來所
著亦有未到，且深以誤己誤人爲罪，其答門人諸書可考也」〔註98〕。宋望之
多番論說，主張陽明深中聖學肯綮，直呼其爲「聖學正脈」，雖未必稱聖人，
卻「已到至處」〔註99〕。

〔註96〕〔清〕黃宗羲：《明儒學案》，卷24，〈江右王門學案九・中丞宋望之先生儀望〉，
　　　　1：552～555。

〔註97〕關於白沙和陽明學脈之相承，宋望之亦有另作說明。或曰：「子謂我朝理學，
　　　　薛、陳、王三公開之，然其學脈果皆同歟？」予答之曰：「三子者，皆有志於
　　　　聖人者也。然薛學雖祖宋儒居敬窮理之說，而躬行實踐，動準古人，故其居
　　　　身立朝，皆有法度，但眞性一脈，尚涉測度。若論其人品，蓋司馬君實之流
　　　　也。白沙之學，得於自悟，日用功夫，已見性體，但其力量氣魄，尚欠開拓。
　　　　蓋其學祖於濂溪，而所造近於康節也。若夫陽明之學，從仁體處開發生機，
　　　　而良知一語，直造無前，其氣魄力量似孟子，其斬截似陸象山，其學問脈絡
　　　　蓋直接濂溪、明道也。雖然，今之論者，語薛氏則合口同詞，語陳王則議論
　　　　未一，信乎學術之難明也已。」見〔清〕黃宗羲：《明儒學案》，卷24，〈江右
　　　　王門學案九・中丞宋望之先生儀望〉，1：561。

〔註98〕〔清〕黃宗羲：《明儒學案》，卷24，〈江右王門學案九・中丞宋望之先生儀望〉，
　　　　1：555。

〔註99〕宋望之論陽明學已近於程子所謂「已到至處」。或曰：「陽明之學既自聖門正

至於陽明爲何屢遭謗議，宋氏亦加以揣度：

> 或曰：「陽明之學，吾子以爲得孔子正脈，是矣。然在當時，其訾而
> 議者不少，至於勘擒逆濠，其功誠大矣。然至今尚憎多口，此何故
> 也？」予答之曰：「從古以來，忌功妒成，豈止今日？江西之功，先
> 生不顧覆宗滅族，爲國家當此大事，而論者猶不能無忌心。……蓋
> 先生苦心費力，不難於逆濠之擒，而難於調護乘輿之輕出也。其後
> 逆濠伏誅，乘輿還京，此其功勞，誰則知之？當其時，内閣銜先生
> 歸功本兵，遂扼其賞，一時同事諸臣，多加黜削，即桂公生長江西，
> 猶橫異議。近來好事之徒，又生一種異論，至以金帛子女議公，此
> 又不足置辨。先生平日輕富貴，一死生。方其疏劾逆瑾，備受箠楚，
> 問關流離，幾陷不測。彼其死生之不足動，又何金帛子女之云乎哉！
> 甚矣！人之好爲異論，而不反觀於事理之有無也。善乎司寇鄭公之
> 言曰：『王公才高學邃，兼資文武，近時名卿，鮮能及之，特以講學，
> 故眾口交訾。蓋公功名昭揭，不可蓋覆，惟學術邪正，未易詮測，
> 以是指斥則讒說易行，媚心稱快耳。今人咸謂公異端，如陸子靜之
> 流。嗟乎！以異端視子靜，則游、夏純於顏、曾，思、孟劣於雄、
> 況矣。今公所論，敘古本《大學》、《傳習錄》諸書具在，學者虛心
> 平氣，反覆融玩，久當見之。』嗟乎！使鄭公而愚人也則可，鄭公
> 而非愚人也則是，豈非後世之定論哉！」〔註100〕

宋望之以爲陽明招惹眾訾全因其功勳顯赫所致，因爲「忌功妒成」本是亙古
不變之事。宋氏歷數陽明之豐功偉業，又爲其抗辯，悲切地疾呼：「甚矣！人
之好爲異論，而不反觀於事理之有無也。」他強調當時之人皆視陽明爲異端，
「如陸子靜之流」，多緣於陽明「功名昭揭」。其功名之盛使人望塵莫及，人

脈，不知即可稱聖人否？」予答之曰：「昔人有問程子云：『孟子是聖人否？』
程子曰：『未敢便道他是聖人，然學已到至處。』先生早歲以詩文氣節自負，
既有志此學，乃盡棄前業，確然以聖人爲必可至，然猶未免沿襲於宋儒之理
語，浸淫於二氏之虛寂。龍場之謫，困心衡慮，力求本心，然後眞見千古以
來人心，只有此箇靈靈明明，圓圓滿滿，徹古今，通畫夜，無内外，兼動靜，
常虛常寂，常感常應之獨知眞體。故後來提出致良知三字，開悟學者，竊謂
先生所論學脈，直與程子所謂『已到至處』，非過也。」見〔清〕黃宗羲：《明
儒學案》，卷24，〈江右王門學案九・中丞宋望之先生儀望〉，1：561。
〔註100〕〔清〕黃宗羲：《明儒學案》，卷 24，〈江右王門學案九・中丞宋望之先生儀
望〉，1：561～562。

們唯有在「未易詮測」的學術上來質難他，使他淪爲「眾矢之的」。對陽明的評價是褒或貶，還賴學者虛心沉潛於陽明之著述。但稍後，陽明仍未得學者儒生所認同，不得從祀配享。宋望之針對薛文清（1389～1464）得以從祀，〔註101〕而王陽明和陳白沙則姑俟論定一事有所討論，他說：

> 或曰：「近聞祠部止擬薛文清公從祀，王、陳二公姑俟論定，何也？」
> 予答之曰：「當時任部事者，不能素知此學，又安能知先生？孔子，大聖也，其在當時，群而議者，奚啻叔孫武叔輩。孟子英氣下視千古，當時猶不免傳食之疑。有明理學，尚多有人，如三公者，則固傑然者也。乃欲進薛而遲於王、陳，其於二公又何損益？陸象山在當時皆議其爲禪，而世宗朝又從而表章之。愚謂二公之祀與否，不足論，所可惜者，好議者之不樂國家有此盛舉也。」〔註102〕

宋望之將陽明和白沙的窘境比擬爲孔子、孟子之不得時，而孔子、孟子到最後終究完成爲後人之表率。故陽明和白沙雖未得從祀孔廟，對他們本人無所損益，宋氏自信後世自會還他們公論。行文至此，可見《學案》常把象山、白沙和陽明連類一起，形成了陸象山──陳白沙──王陽明的承傳譜系。他以禪諍議題凸顯三人治學趣向之近似。另外，《學案》也收錄宗朱學者貶抑白沙學的語料，營造了白沙不屬朱子傳統的印象。宗羲更以王門弟子對白沙和象山的褒獎來說明三者學問的相通。總而言之，《學案》以王學作爲聖學正統之一門戶，通過各學案中的評述及相應的材料的剪裁收錄，提供了陸、王心學傳續的脈絡，使王學不致被視爲突起之異端。〔註103〕然而，要使王學成爲聖

〔註101〕 關於薛瑄從祀的最新研究，可參考 Khee Heong Koh, *A Northern Alternative: Xue Xuan (1389~1464) and the Hedong School* (Cambridge, Mass.: Harvard University Asia Center: Distributed by Harvard University Press, 2011).

〔註102〕 〔清〕黃宗羲：《明儒學案》，卷 24，〈江右王門學案九・中丞宋望之先生儀望〉，1：562。

〔註103〕 《明儒學案》裡徐愛（1487～1518）的學案裡收錄這番論述：「予始學於先生，惟循跡而行。久而大疑且駭，然不敢遽非，必反而思。思之稍通，復驗之身心，既乃怳若有見，已而大悟……是故必絕之無之，而後可以進於道，否則終不免於虛見且自誣也。」（〈贈薛尚謙〉）故黃宗羲在其敘傳中載道：「先生始聞陽明之教，與先儒相出入，駭愕不定，無入頭處。聞之既熟，反身實踐，始信爲孔門嫡傳，舍是皆旁蹊小徑，斷港絕河矣。」此處除了肯定陽明學爲「孔門嫡傳」之一，同時也透露了陽明的治學內容確實令人在初聞之際感到詫愕不解，謂爲異端學說便不足怪。見〔清〕黃宗羲：《明儒學案》，卷11，〈浙中王門學案一・郎中徐橫山先生愛〉，1：222～223。

學門戶之一，還需解決另一難題，即王學本身在分化衍變的過程中，其後學裡確實出現了講學立意不守陽明宗旨的異端分子。他們的言論舉止致使陽明的良知學成爲群起而攻之的對象。黃宗羲要做的是讓王陽明和這些「害群之馬」區分開來，還原良知學的眞相。

二、回復陽明學之原貌

黃宗羲以白沙和陽明兩先生之學最爲相近。陳獻章遭受逃禪之謗，黃宗羲爲之辯解的同時，其實也是在爲陽明駁正。面對明儒譏訾白沙及陽明之學爲「儒其名而禪其實」的情況，據前文所述，宗羲多會斥責批評者的失察，反駁他們未識白沙、陽明二人學問之精義。然而，王門遭受到的批評豈全屬空穴來風？陽明後學豈皆是無咎可言？那些不肖後學多方揣度良知說，混淆視聽，甚至在行爲上變得乖亂不羈，以致於陽明被「縱性情，好騖遠，安恣睢」等謗言所誣，黃宗羲又怎能不加追究？故爲了力排眾議，撥亂反正，他不能只關注來自外界的批評，而忽略王學門戶內部潛在的問題。面對王門流裔在開展陽明學時所犯的諸多舛誤，宗羲不免要撻伐他們種種的缺失。如〈浙中王門學案五〉裡的四個學案中，就有三個是對案主的治學作出導正的。〔註104〕

論者或認爲黃宗羲對於王學後人的弊端不加掩飾，自曝王門之短，得失兼該，可謂不受門戶之見所拘。但必須指出，宗羲在說明他們治學上的偏差時，多會引述王學之原意來做參照，以彰顯他們乖離陽明的學問宗旨。〔註105〕故《學案》收錄王門後學曲解王學的相關文字，與其說是在揭露王門後學的瑕玷，毋寧說是在爲正統的王學護航。因爲唯有肅清王學門人之陋習，方能整頓門風，還原王學的眞實面貌，使之無懈可擊。縱使有學者排拒王學，觀

〔註104〕三個學案爲〈都督萬鹿園先生表〉、〈侍郎王敬所先生宗沐〉及〈侍讀張陽和先生元忭〉。黃宗羲批評這些案主的內容詳見下文。

〔註105〕陳錦忠曾指出：「舉凡述及王學或非王學系統者，大抵都以陽明之說來作折衷以定其醇疵；而對於其中所有評及陽明者，皆與之辯難、駁正不遺，甚至措辭往往非常之重，說明此書不僅是以陽明之學爲基礎構成的，同時也充分反映其爲陽明辯之用心。……對於陽明之學的發展與演變，除了以全書最大篇幅來敘述外，並也將陽明最遭攻擊的論點，反復再三的申說，辯解，判定陽明本意是無弊的；而對於陽明之學後來流入禪地之弊，概歸之於門人之過，尤其是王畿、王艮輩最被批評，直以二王對此負責，顯明展露其回護陽明之立場。」參見陳錦忠：〈黃宗羲〔明儒學案〕著成因緣與其體例性質略探〉，頁 119～120。

於《學案》的陳露，則當知罪不在陽明。宗羲選擇不一味地為王門的所有成員護短，不但賦予了《學案》公正性，也成功地為王門去蕪存菁。明乎此，則可知宗羲的門戶立場並不是「是王非朱」一刀切的對立情況，而是有諸多斟酌及考量在其中的。

　　在〈姚江學案〉之後的各王門學案中，黃宗羲就陸續指出陽明弟子及後學在治學上的偏頗。像是在〈浙中王門學案一〉裡，他就稱錢德洪（1496～1574）和王畿（1498～1583）兩人雖親炙陽明最久，卻未能如鄒東廓（1491～1562）與羅念菴那樣盡得陽明之真傳。他在敘傳中說明瞭兩人的過與不足：

> 陽明「致良知」之學，發於晚年。其初以靜坐澄心訓學者，學者多有喜靜惡動之弊，知本流行，故提撕未免過重。然曰：「良知是未發之中」，又曰「慎獨即是致良知」，則亦未嘗不以收斂為主也。故鄒東廓之戒懼，羅念菴之主靜，此真陽明之的傳也。先生（錢德洪）與龍溪親炙陽明最久，習聞其過重之言。龍溪謂：「寂者心之本體，寂以照為用，守其空知而遺照，是乖其用也。」先生謂：「未發竟從何處覓？離已發而求未發，必不可得。」是兩先生之「良知」，俱以見在知覺而言，於聖賢凝聚處，盡與掃除，在師門之旨，不能無毫釐之差。龍溪從見在悟其變動不居之體，先生只於事物上實心磨煉，故先生之徹悟不如龍溪，龍溪之修持不如先生。乃龍溪竟入於禪，而先生不失儒者之矩矱，何也？龍溪懸崖撒手，非師門宗旨所可繫縛，先生則把纜放船，雖無大得亦無大失耳。念菴曰：「緒山之學數變，其始也，有見於為善去惡者，以知為致良知也。已而曰：『良知者，無善無惡者也，吾安得執以為有而為之而又去之？』已又曰：『吾惡夫言之者之清也，無善無惡者見也，非良知也。吾惟即吾所知以為善者而行之，以為惡者而去之，此吾可能為者也。其不出於此者，非吾所得為也。』又曰：『向吾之言猶二也，非一也。夫子嘗有言矣，曰至善者心之本體，動而後有不善也。吾不能必其無不善，吾無動焉而已。彼所謂意者動也，非是之謂動也；吾所謂動，動於動焉者也。吾惟無動，則在吾者常一矣。』」按先生之無動，即慈湖之不起意也。〔註106〕不起意非未發乎？然則謂「離已發而求未發，必不可

〔註106〕黃宗羲以陸九淵弟子楊簡和陽明弟子錢德洪的學問相類。

得」者，非先生之末後語矣。〔註107〕

宗羲認爲緒山「只於事物上實心磨煉」，修持嚴謹，但未能徹悟陽明之學，而另一方面龍溪雖能領悟「變動不居之體」，但不爲「師門宗旨所可繫縛」，終究要引人入禪。《學案》引錄兩人論「戒懼」的文獻即可說明宗羲的觀點。〈緒山學案〉裡載道：

> 問：「戒懼之功，不能無有事無事之分！」曰：「知得良知是一個頭腦，雖在千百人中，工夫只在一念微處；雖獨居冥坐，工夫亦只在一念微處。」〔註108〕

緒山論「戒懼」時，心思全落在工夫論上，反觀龍溪針卻得出「識得本體」、內外不分的結論：

> 朋友有守一念靈明處，認爲戒懼工夫，才涉言語應接，所守工夫便覺散緩。此是分了內外。靈明無內外，無方所，戒懼亦無內外，無方所，識得本體，原是變動不居，雖終日變化云爲，莫非本體之周流矣。（以上〈沖元會紀〉）〔註109〕

儘管王龍溪識得「本體」，世人對他的評價褒貶不一。錢緒山的學案裡就選錄了這麼一段文字：「久菴謂吾黨於學，未免落空。初若未以爲然，細自磨勘，始知自懼。日來論本體處，說得十分清脫，及徵之行事，疏略處甚多。此便是學問落空處。譬之草木，生意在中，發在枝幹上，自是可見。」（〈復王龍溪〉）〔註110〕可見龍溪論「本體」時犯了空疏無實之病，連同門的緒山也要表示不滿。宗羲在〈龍溪學案〉的敘傳中，就明白扼要地點出人們對他毀譽參半的主要原因：

> 先生謂「良知原是無中生有，即是未發之中。此知之前，更無未發，即是中節之和。此知之後，更無已發，自能收斂，不須更主於收斂，自能發散，不須更期於發散，當下現成，不假工夫修整而後得。致良知原爲未悟者設，信得良知過時，獨往獨來，如珠之走

〔註107〕〔清〕黃宗羲：《明儒學案》，卷 11，〈浙中王門學案一‧員外錢緒山先生德洪〉，1：225～226。

〔註108〕〔清〕黃宗羲：《明儒學案》，卷 11，〈浙中王門學案一‧員外錢緒山先生德洪〉，1：228。

〔註109〕〔清〕黃宗羲：《明儒學案》，卷12，〈浙中王門學案二‧郎中王龍溪先生畿〉，1：239。

〔註110〕〔清〕黃宗羲：《明儒學案》，卷 11，〈浙中王門學案一‧員外錢緒山先生德洪〉，1：233。

盤，不待拘管而自不過其則也。」以篤信謹守，一切矜名飾行之事，皆是犯手做作，唐荊川謂先生「篤於自信，不爲形跡之防，包荒爲大，無淨穢之擇，故世之議先生者不一而足。」夫良知既爲知覺之流行，不落方所，不可典要，一著工夫，則未免有礙虛無之體，是不得不近於禪。流行即是主宰，懸崖撒手，茫無把柄，以心息相依爲權法，是不得不近於老。雖云眞性流行，自見天則，而於儒者之矩矱，未免有出入矣。然先生親承陽明末命，其微言往往而在。象山之後不能無慈湖，文成之後不能無龍溪。以爲學術之盛衰因之，慈湖決象山之瀾，而先生疏河導源，於文成之學，固多所發明也。〔註111〕

在黃宗羲看來，王龍溪猶能把握陽明之微言，是疏解闡說並倡明發揚良知學的關鍵人物。然而，他治學近禪近老，已開始蕩越儒者矩矱。這預示著從其學者若不加警惕，終究會偏離陽明良知教義，故如謂其始作俑者，則不爲過矣。與龍溪一起被收入〈浙中王門學案二〉的有同樣師事陽明的季彭山（1485～1563）。宗羲在他的敘傳中記述了他如何嘗試導正龍溪治學之弊：

先生之學，貴主宰而惡自然，以爲「理者陽之主宰，乾道也；氣者陰之流行，坤道也。流行則往而不返，非有主於内，則動靜皆失其則矣。」其議論大抵以此爲指歸。……弟其時同門諸君子單以流行爲本體，玩弄光影，而其升其降之歸於畫一者無所事，此則先生主宰一言，其關係學術非輕也。故先生最著者爲《龍惕》一書，謂「今之論心者，當以龍而不以鏡，龍之爲物，以警惕而主變化者也。理自内出，鏡之照自外來，無所裁制，一歸自然。自然是主宰之無滯，曷常以此爲先哉」？龍溪云：「學當以自然爲宗，警惕者，自然之用，戒慎恐懼未嘗致纖毫之力，有所恐懼便不得其正矣。」東廓云：「警惕變化，自然變化，其旨初無不同者，不警惕不足以言自然，不自然不足以言警惕，警惕而不自然，其失也滯，自然而不警惕，其失也蕩。」先生終自信其説，不爲所動。先生閔學者之空疏，只以講説爲事，故苦力窮經。〔註112〕

〔註111〕〔清〕黃宗羲：《明儒學案》，卷12，〈浙中王門學案二・郎中王龍溪先生畿〉，1：239。

〔註112〕〔清〕黃宗羲：《明儒學案》，卷12，〈浙中王門學案二・知府季彭山先生本〉，1：271～272。

據上文可知，彭山提出「龍惕說」〔註113〕來針砭主自然一系的龍溪和東廓。彭氏因爲「閔學者之空疏，只以講說爲事」，所以企望通過窮經一途來補偏救弊。另外，身爲龍溪後學的張元忭（1538～1588）也批評龍溪混撓良知與三教之宗旨。宗羲在張元忭的敘傳中稱他善識龍溪「欲渾儒釋而一之」之謬：

> 先生之學，從龍溪得其緒論，故篤信陽明四有教法。龍溪談本體而諱言工夫，識得本體，便是工夫。先生不信，而謂「本體本無可說，凡可說者皆工夫也」。嘗闢龍溪欲渾儒釋而一之，以良知二字爲範圍三教之宗旨，何其悖也。故曰「吾以不可學龍溪之可」。先生可謂善學者也。第主意只在善有善幾，惡有惡幾，於此而愼察之，以爲良知善必眞好，惡必眞惡，格不正以歸於正爲格物，則其認良知都向發上。陽明獨不曰良知是未發之中乎？察識善幾、惡幾是照也，非良知之本體也。朱子〈答呂子約〉曰：「向來講論思索，直以心爲已發，而所論致知格物，以察識端倪爲初下手處，以故缺卻平日涵養一段工夫。」此即先生之言良知也。朱子易簀，改〈誠意章句〉曰：「實其心之所發。」此即先生之言格物也。先生談文成之學，而究竟不出於朱子，恐於本體終有所未明也。〔註114〕

儘管宗羲認爲張元忭對陽明之討論脫不出朱子樊籬，亦「恐於本體終有所未明也」，但此處仍爲讀者提供了龍溪後學如何指正其紕繆的訊息。宗羲也在張元忭的學案裡附上了他論述龍溪偏愛說「悟」和將「悟」與「修」分兩途的文字：

> 竊疑世儒口口說悟，乃其作用處，殊是未悟者。悟與修分兩途，終未能解。龍溪曰：「狂者志大而行不掩，乃是直心而動，無所掩飾，無所窩藏，時時有過可改，此是入聖眞路頭。世人總說修持，終有掩飾窩藏意思在，此去聖學路徑，何啻千里？」定宇曰：「所貴乎不掩藏者，爲其覺而能改也，非謂其冥然不顧，而執之以爲是

〔註113〕「龍惕說」的相關研究，可見朱湘鈺：〈「雙江獨信『龍惕說』」考辨〉，《中國文哲研究集刊》第 36 期，2010 年 3 月，頁 79～101。朱氏另有一篇文字整理了「龍惕說」的具體內涵。見朱湘鈺：《龍惕書》與「龍惕說」議辯〉，《儒學研究論叢》第 2 輯（臺北：臺北市立教育大學人文藝術學院儒學中心，2009 年），頁 161～202。

〔註114〕〔清〕黃宗羲：《明儒學案》，卷 15，〈浙中王門學案五·侍讀張陽和先生元忭〉，1：323～324。

也。」……〔註115〕

另外，對於在暮歲之時拜陽明為師的董澐（1457～1533），宗義質疑他無法分辨儒釋之異：

> 先生晚而始學，卒能聞道。其悟道器無兩，費隱一致，從佛氏空有而入，然佛氏終沉於空，此毫釐之異，未知先生辨之否耶？〔註116〕

讀者接觸董澐的文字時，當注意其或已摻和佛氏說法，並不能代表王學之眞貌。黃宗義更是直接指出董澐之子董穀（生卒年不詳，嘉靖辛丑【1541 年】進士，字石甫）根本就是學非陽明。宗義認爲董穀的論說未能闡明王學之旨，反倒盡顯禪意：

> （董石甫）少遊陽明之門，陽明謂之曰：「汝習於舊說，故於吾言不無牴牾，不妨多問，爲汝解惑。」先生因筆其所聞者，爲《碧里疑存》，然而多失陽明之意。其言「性無善惡」，陽明「無善無惡心之體」，以之言心，不以之言性也。又言「性之體虛而已，萬有出焉，故氣質之不美，性實爲之。全體皆是性，無性則並無氣質矣。」夫性既無善無惡，賦於人則有善有惡，將善惡皆無根柢歟？抑人生而靜以上是一性，靜以後又是一性乎？又言「復性之功，只要體會其影響俱無之意思而已」。信如斯言，則莫不墮於恍惚想像，所謂求見本體之失也。學者讀先生之書，以爲盡出於陽明，亦何怪疑陽明之爲禪學乎！〔註117〕

宗義譴責學者不察，以董穀之說來推本溯源，挾其說來對陽明發難。《學案》也收錄了董穀《碧里疑存》裡的一些恍惚飄渺、饒富禪意的文字，足證宗義所言無誤：

> 程子曰：「既思即是已發。」即如程子之言，則存養功夫如何下手？蓋謂之中者，無形象可求，只要體會其影響俱無之意思而已。太虛寂寥，無適無莫，是謂之中。惟人於已發處不能加省察之功，遂使未發無朕之時，亦結成有物之毒。陽明以瘧喻之，故發而中節，省

〔註115〕〔清〕黃宗義：《明儒學案》，卷 15，〈浙中王門學案五·侍讀張陽和先生元忭〉，1：327～328。

〔註116〕〔清〕黃宗義：《明儒學案》，卷 14，〈浙中王門學案四·布衣董蘿石先生澐（附子穀）〉，1：289。

〔註117〕〔清〕黃宗義：《明儒學案》，卷 14，〈浙中王門學案四·布衣董蘿石先生澐（附子穀）〉，1：289～290。

察所致，和既得矣，體亦中焉。省察即是存養，非別有存養可以下手也。〔註118〕

同樣流於禪的還有萬表（1498～1556），黃宗羲在他的敘傳中做了深入的辨析：

> 先生之學，多得之龍溪、念菴、緒山、荊川，而究竟於禪學。……先生嘗言：「聖賢切要工夫，莫先於格物，蓋吾心本來具足格物者，格吾心之物也，爲情欲意見所蔽，本體始晦，必掃蕩一切，獨觀吾心，格之又格，愈研愈精，本體之物，始得呈露，爲格物。格物則知自致也。龍溪謂：『古人格物之說，是千聖經綸之實學。良知之感應謂之物，是從良知凝聚出來。格物是致知實下手處，不離倫物感應而證眞修。離格物則知無從而致矣。』吾儒與二氏毫釐不同正在於此。」其實先生之論格物，最爲諦當。格之又格，而後本體之物呈露，即白沙之「養出端倪」也。宋儒所謂未發氣象，亦即是此。龍溪之倫物感應，又豈能舍此而別有工夫？第兩家之言物不同，龍溪指物爲實，先生指物爲虛。凡天下之物攝於本體之物，本體之物又何嘗離倫物哉！然兩家皆精禪學，先生所謂本體呈露者，眞空也；龍溪離物無知者，妙有也，與宋儒、白沙之論，雖似而有差別，學者又當有辨矣。先生如京師，大洲訪之郊外，與之談禪。議論蜂湧，先生唯唯不答。大洲大喜，歸語人曰：「今日降卻萬鹿園矣。」陸平泉聞而笑曰：「此是鹿園降卻大洲，何言大洲降卻鹿園也。」戚南玄與先生遇，戲曰：「鹿園名爲旅禪，實未得理，是假和尚。」先生曰：「南玄名爲宗儒，實未見性，是癡秀才。」相與大笑。先生一默一語，無非禪機如此。〔註119〕

在黃梨洲看來，萬表論格物雖「最爲諦當」，但他也認爲萬氏和龍溪還是較精於禪家之眞空妙有諸說法。萬表的一默一語之間，話鋒多藏禪機，與白沙所論「雖似而有差別」，故謂其學究竟於禪。

此外，學近釋氏的還有王宗沐（1524～1592），其敘傳有言：

> 先生師事歐陽南野，少從二氏而入，已知「所謂良知者，在天爲不

〔註118〕〔清〕黃宗羲：《明儒學案》，卷 14，〈浙中王門學案四·布衣董蘿石先生澐（附子穀）〉，1：292。

〔註119〕〔清〕黃宗羲：《明儒學案》，卷 15，〈浙中王門學案五·都督萬鹿園先生表〉，1：311。

已之命，在人爲不息之體，即孔氏之仁也。學以求其不息而已」。其辨儒釋之分，謂「佛氏專於內，俗學馳於外，聖人則合內外而一之」。此亦非究竟之論。蓋儒釋同此不息之體，釋氏但見其流行，儒者獨見其眞常爾。先生之所謂「不息」者，將無猶是釋氏之見乎！〔註120〕

宗羲點出王宗沐所謂「不息」者爲釋氏之「流行」，有別於儒者之「眞常」。其學案裡共收錄了 10 條文字，其中 6 條（〈與陳明水〉、〈與江少峰〉、〈與李見羅〉、〈與聶雙江〉、〈刻傳習錄序〉及〈壽龍溪序〉）都論及「不息」者。〔註121〕王宗沐詮釋王學時也以「不息」入題：

心不息，則萬古如一日，心不息，則萬人如一人，先生能用是倡之於幾絕，吾人不能緣是承之於已明，而方且較同異雌黃以爲長，此子之所以謂先生始得之勤，而今之不能無憂也。夫從事於心敏而猶有不及，則於言有所不暇；從事於心精而後知所失，則於言有所不敢。默識深思，承擔負荷，此余與二三子今日之所承先生之後者也。

（〈刻傳習錄序〉）〔註122〕

王宗沐在以上的文字中自稱其學乃承陽明之後，而宗羲卻要在他的學案裡收錄其以「不息」入題的文獻，並在敘傳中指正其失。

同屬浙中王門的顧應祥（1483～1565），也遭到黃宗羲的批評。宗羲詳述顧氏在知行的認知上的謬誤，更直指他的論述「皆非師門之旨」。其敘傳有言：

少受業於陽明。陽明歿，先生見《傳習續錄》，門人問答多有未當於心者，作《傳習錄疑》。龍溪〈致知議略〉亦摘其可疑者辨之。大抵謂：「良知者，性之所發也，日用之間，念慮初發，或善或惡，或公或私，豈不自知之？知其不當爲而猶爲之者，私欲之心重而恕己之心昏也。苟能於一起之時，察其爲惡也，則猛省而力去之，去一惡念，則生一善念矣。念念去惡爲善，則意之所發，心之所存，皆天

〔註120〕〔清〕黃宗羲：《明儒學案》，卷 15，〈浙中王門學案五・侍郎王敬所先生宗沐〉，1：314。

〔註121〕〔清〕黃宗羲：《明儒學案》，卷 15，〈浙中王門學案五・侍郎王敬所先生宗沐〉，1：314。

〔註122〕〔清〕黃宗羲：《明儒學案》，卷 15，〈浙中王門學案五・侍郎王敬所先生宗沐〉，1：322。

理，是之謂知行合一。知之非難，而行之爲難。今曰『聖人之學，
致良知而已矣。人人皆聖人也，吾心中自有一聖人，自能孝，自能
弟』。而於念慮之微，取捨之際，則未之講，任其意向而爲之，曰『是
吾之良知也』。知行合一者，固如是乎？」先生之言，以陽明「知善
知惡是良知，爲善去惡爲格物」爲準的，然陽明點出知善知惡原不
從發處言，第明知善知惡爲自然之本體，故又曰：「良知爲未發之中。」
若向發時認取，則善惡雜揉，終是不能清楚，即件件瞞不過照心，
亦是克伐怨欲不行也。知之而後行之，方爲合一。其視知行終判兩
樣，皆非師門之旨也。〔註123〕

宗羲坦言顧應祥對「良知」的詮釋是以陽明之說爲準則，但若加以探究，
又與陽明有相左之處。學者如鑒於宗羲之說，則知顧應祥所言自不能代表
陽明。

　　由以上的討論可見王學流裔走上了歧途，卻殃及池魚，使陽明招惹眾議。
黃宗羲剖析各陽明後嗣的學問，說明離經畔道者的種種偏失與陽明毫無瓜
葛。爲了廓清王學的本末，宗羲除了提供上述的「反面教材」，他也在《學案》
裡注明哪些是闡發王學有力的後學。像是受陽明青睞的張元沖（生卒年不詳，
嘉靖進士），宗羲便以其有功於王門：

先生登文成之門，以戒懼爲入門，而一意求諸踐履。文成嘗曰：「吾
門不乏慧辨之士，至於眞切純篤，無如叔謙。」先生嘗謂學者曰：「孔
子之道，一以貫之，孟子之道，萬物我備，良知之說，如是而已。」
又曰：「學先立志，不學爲聖人，非志也。聖人之學，在戒懼慎獨，
不如是學，非學也。」揭坐右曰：「惟有主，則天地萬物自我而立，
必無私，斯上下四旁咸得其平。」前後官江西，闢正學書院，與東
廓、念菴、洛村、楓潭聯講會，以訂文成之學，又建懷玉書院於廣
信，迎龍溪、緒山主講席，遂留緒山爲《文成年譜》，惟恐同門之士，
學之有出入也，其有功師門如此。〔註124〕

宗羲記載張元沖學求踐履，因「惟恐同門之士，學之有出入」，故以考訂文成
之學爲事。其實，黃宗羲未嘗不和張氏一樣，以澄清王學宗旨爲己任。宗羲

〔註123〕〔清〕黃宗羲：《明儒學案》，卷 14，〈浙中王門學案四・尚書顧箬溪先生應
　　　　祥〉，1：296～297。

〔註124〕〔清〕黃宗羲：《明儒學案》，卷 14，〈浙中王門學案四・中丞張浮峰先生元
　　　　沖〉，1：300。

身處王學屢遭蔑棄的學術環境，其關懷更是至切。

　　《學案》裡除張元沖之外，闡發王門師訓的更有江右之名士。宗羲在〈江右王門學案〉案序裡就直言不諱：

> 姚江之學，惟江右爲得其傳，東廓、念菴、兩峰、雙江其選也。再傳而爲塘南、思默，皆能推原陽明未盡之旨，是時越中流弊錯出，挾師說以杜學者之口，而江右獨能破之，陽明之道賴以不墜。蓋陽明一生精神，俱在江右，亦其感應之理宜也。〔註125〕

在此，宗羲不單是推重鄒東廓、羅念菴、劉兩峰（1488～1572）、聶雙江（1487～1563）等人爲奉行陽明之道的表表者，他也指出他們所處的學術背景。當時，越中王門流弊盡出，錯亂現象四起，但江右學者仍毫不動搖地發揚陽明的治學精神。在〈文莊鄒東廓先生守益〉的學案裡，宗羲稱述鄒守益爲陽明「宗子」：

> 先生之學，得力於敬。敬也者，良知之精明而不雜以塵俗者也。吾性體行於日用倫物之中，不分動靜，不舍晝夜，無有停機。流行之合宜處謂之善，其障蔽而壅塞處謂之不善。蓋一忘戒懼則障蔽而壅塞矣，但令無往非戒懼之流行，即是性體之流行矣。離卻戒慎恐懼，無從覓性；離卻性，亦無從覓日用倫物也。故其言「道器無二，性在氣質」，皆是此意。其時雙江從寂處、體處用功夫，以感應、運用處爲效驗，先生言其「倚於內，是裂心體而二之也」。彭山惡自然而標警惕，先生言其「滯而不化，非行所無事也」。夫子之後，源遠而流分，陽明之沒，不失其傳者，不得不以先生爲宗子也。夫流行之爲性體，釋氏亦能見之，第其捍禦外物，是非善惡一歸之空，以無礙我之流行。蓋有得於渾然一片者，而日用倫物之間，條理脈絡，不能分明矣。粗而不精，此學者所當論也。先生〈青原贈處〉記陽明赴兩廣，錢、王二子各言所學，緒山曰：「至善無惡者心，有善有惡者意，知善知惡是良知，爲善去惡是格物。」龍溪曰：「心無善而無惡，意無善而無惡，知無善而無惡，物無善而無惡。」陽明笑曰：「洪甫須識汝中本體，汝中須識洪甫功夫。」此與龍溪〈天泉證道記〉同一事，而言之不同如此。蕺山先師嘗疑陽明〈天泉〉之言與平時不同。平時每言「至善是心之本體」，又曰「至善只是盡乎天理

之極，而無一毫人欲之私」，又曰「良知即天理」；《錄》中言天理二字，不一而足，有時說「無善無惡者理之靜」，亦未嘗徑說「無善無惡是心體」。今觀先生所記，而四有之論，仍是以至善無惡爲心，即四有四句亦是緒山之言，非陽明立以爲教法也。今據〈天泉〉所記，以無善無惡議陽明者，盍亦有考於先生之記乎？〔註126〕

觀乎上文，宗羲並不純粹指稱鄒守益爲師門干城，而是同時引述了鄒氏對雙江和彭山的異議，並取緒山和龍溪對四句之教的闡釋與鄒說作參照，來加以辨析何者才是王學生力軍。在魏良器（生卒年不詳）的學案裡，宗羲也在論述魏氏的學問之餘，揭龍溪之短：

洪都從學之後，隨陽明至越。時龍溪爲諸生，落魄不羈，每見方巾中衣往來講學者，竊罵之。居與陽明鄰，不見也。先生多方誘之，一日先生與同門友投壺雅歌，龍溪過而見之曰：「腐儒亦爲是耶？」先生答曰：「吾等爲學，未嘗擔板，汝自不知耳。」龍溪於是稍相嬻就，已而有味乎其言，遂北面陽明。緒山臨事多滯，則戒之曰：「心何不灑脫？」龍溪工夫懶散，則戒之曰：「心何不嚴栗？」其不爲姑息如此。嘗與龍溪同行遇雨，先生手蓋，龍溪不得已亦手蓋，而有怍容，顧先生自如，乃始惕然。陽明有內喪，先生、龍溪司庫，不厭煩縟。陽明曰：「二子可謂執事敬矣。」歸主白鹿洞，生徒數百人，皆知宗王門之學。……先生云：「理無定在，心之所安，即是理。孝無定法，親之所安，即是孝。」龍溪與先生最稱莫逆，然龍溪之玄遠不如先生之淺近也。〔註127〕

對於引王畿去師事王守仁的魏良器，黃宗羲認爲他的學問親切淺近，較之龍溪的玄遠略勝一籌。魏氏之學雖淺近，卻能使其眾弟子皆知宗王學。或謂宗羲既是在說明江右學者如何謹守師說，則難免提及他們與同門切磋的內容，但這不是必然的。黃宗羲選擇在陽明後嗣的各敘傳中討論他們在展播良知學時各方面的得失，不僅是讓讀者瞭解王學在流衍的過程中出現了哪些變轍，也爲讀者還原了陽明學最初的宗旨。又如「大有功於聖門」的羅念菴，宗羲詳論其治學與操守時，也要述及雙江和龍溪：

〔註126〕〔清〕黃宗羲：《明儒學案》，卷14，〈江右王門學案一·文莊鄒東廓先生守益〉，1：332～333。

〔註127〕〔清〕黃宗羲：《明儒學案》，卷19，〈江右王門學案四·處士魏藥湖先生良器〉，1：464。

先生之學，始致力於踐履，中歸攝於寂靜，晚徹悟於仁體。……而
聶雙江以歸寂之說，號於同志，惟先生獨心契之。是時陽明門下之
談學者，皆曰「知善知惡即是良知，依此行之即是致知」，先生謂「良
知者，至善之謂也。吾心之善，吾知之，吾心之惡，吾知之，不可
謂非知也。善惡交雜，豈有爲主於中者乎？中無所主，而謂知本常
明，不可也。知有未明，依此行之，而謂無乖戾於既發之後，能順
應於事物之來，不可也。故非經枯槁寂寞之後，一切退聽，天理炯
然，未易及此。雙江所言，眞是霹靂手段，許多英雄瞞昧，被他一
口道著，如康莊大道，更無可疑。」闢石蓮洞居之，默坐半榻間，
不出戶者三年。事能前知，人或訝之，答曰：「是偶然，不足道。」
王龍溪恐其專守枯靜，不達當機順應之妙，訪之於松原。問曰：「近
日行持，比前何似？」先生曰：「往年尚多斷續，近來無有雜念。雜
念漸少，即感應處便自順適。即如均賦一事，從六月至今半年，終
日紛紛，未嘗敢厭倦，未嘗敢執著，未嘗敢放縱，未嘗敢張惶，惟
恐一人不得其所。一切雜念不入，亦不見動靜二境，自謂此即是靜
定功夫。非紐定默坐時是靜，到動應時便無著靜處也。」龍溪嗟歎
而退。先生於陽明之學，始而慕之，已見其門下承領本體太易，亦
遂疑之。及至功夫純熟，而陽明進學次第，洞然無間。天下學者，
亦遂因先生之言，而後得陽明之眞。其嘵嘵以師說鼓動天下者，反
不與焉。〔註128〕

羅念菴深契雙江「歸寂」之主張。念菴踐履工夫雖有成，龍溪卻「恐其專守
枯靜，不達當機順應之妙」，而專程來訪相勸。但羅氏乃是切實做工夫者，一
番自白便使龍溪自歎而去。據宗義所言，學者依著羅念菴所指示的門路去做，
皆能得陽明之眞。值得注意的是，宗義也針對念菴入禪之疑來做申論：

先生靜坐之外，經年出遊，求師問友，不擇方內方外，一節之長，
必虛心諮請，如病者之待醫。士大夫體貌規格，黜棄殆盡，獨往獨
來，累饑寒，經跋踄，重湖驚濤之險，逆旅誶詈之加，漠然無所芥
蒂。或疑其不絕二氏。先生嘗閱《楞嚴》，得返聞之旨，覺此身在太
虛，視聽若寄世外。見者驚其神采，先生自省曰：「誤入禪定矣。」

〔註128〕〔清〕黃宗羲：《明儒學案》，卷 18，〈江右王門學案三・文恭羅念菴先生洪
　　　　　先〉，1：386～387。

其功遂報。登衡嶽絕頂，遇僧楚石，以外丹授之，先生曰：「吾無所
事此也。」黃陂山人方與時自負得息心訣，謂：「聖學者亦須靜中恍
見端倪始得。」先生與龍溪偕至黃陂習靜，龍溪先返，先生獨留，
夜坐功夫愈密。自謂：「已入深山更深處，家書休遣雁來過。」蓋先
生無處非學地，無人非學侶，同床各夢，豈二氏所能連染哉。……
鄧定宇曰：「陽明必爲聖學無疑，然及門之士，概多矛盾。其私淑而
有得者，莫如念菴。」此定論也。〔註129〕

宗羲肯定羅念菴之學養淵深乃經年累月的琢磨砥礪所鑄成。然而，基於念菴
自省「誤入禪定」諸語，時人便疑其爲「不絕二氏」。對此，宗羲申辯說念菴
之所以在治學修身上出現了一些類似禪師的行徑是因爲他在學習上不限疆
域，且人人皆可爲其學侶。宗羲更直言羅念菴之篤行於聖學「豈二氏所能連
染」。可見即使王門後學在研學中出現了變異，黃宗羲也不以時論來全盤否
定。因爲如前章所述，宗羲不喜學者對前人的學問墨守而無所發明，故所謂
的「變轍」並非全是壞的。像是在歐陽德（1496～1554）的學案裡，宗羲則
以南野的「格物」與雙江的「歸寂」〔註130〕相得益彰，在發明「致良知」宗
旨時「兩不相妨」：

蓋致良知宗旨，陽明發於晚年，未及與學者深究。然觀《傳習錄》
云：「吾昔居滁，見諸生多務知解，無益於得，姑教之靜坐，一時窺
見光景，頗收近效。久之漸有喜靜厭動，流入枯槁之病，故邇來秖
說致良知。良知明白，隨你去靜處體悟也好，隨你去事上磨煉也好，
良知本體原是無動無靜的，此便是學問頭腦。」其大意亦可見矣。
後來學者只知在事上磨煉，勢不得不以知識爲良知，陰流密陷於義
襲、助長之病，其害更甚於喜靜厭動。蓋不從良知用功，只在動靜
上用功，而又只在動上用功，於陽明所言分明倒卻一邊矣。雙江與
先生議論，雖未歸一，雙江之歸寂，何嘗枯槁，先生之格物，不墮

〔註129〕〔清〕黃宗羲：《明儒學案》，卷 18，〈江右王門學案三・文恭羅念菴先生洪
　　　　先〉，1：388。
〔註130〕劉述先反對黃宗羲以雙江爲正確發明良知說的觀點。他取陽明〈答陸原靜書〉
　　　　的內容來說明陽明所謂的良知乃通貫未發已發，雙江卻把良知拆爲前後內
　　　　外。劉述先認爲雙江實際上並不識良知本體。他同意牟宗三先生的看法，斷
　　　　定雙江是「因激矯時弊而有背於陽明」。劉氏更肯定「黃梨洲完全是以蕺山之
　　　　說爲雙江辯護」，因爲「雙江歸寂似蕺山靜存之說」。詳見劉述先：《黃宗羲心
　　　　學的定位》，頁 138～148。果如其言，則亦可見黃宗羲回護門戶的傾向。

支離，發明陽明宗旨，始無遺憾，兩不相妨也。〔註131〕

綜上，宗羲在《明儒學案》裡辨析並抉發王門之中的是非長短，使王門後學妍媸自見。他闡述王門後學的學術宗旨時，不忘予以評點並作出判斷，說明孰有功於闡揚陽明學，孰為王門中的離轍之徒，以求呈現陽明學的原始面貌及真正內涵。

其實，要論《學案》如何為王門別除焦芽，當以〈泰州學案〉所載之材料最為有力。首先，〈泰州學案〉的命名已見宗羲有意將泰州學派拒於「相傳」的王門之外。泰州門人雖自矜為「致良知」之徒，《學案》卻不若「浙中」、「江右」、「南中」、「楚中」及「北方」等陽明後學一樣，將他們也納為「王門」之一員。為什麼要劃清界限，使泰州與王學互不相涉呢？〈泰州學案〉的案序就披露道：

> 陽明先生之學，有泰州、龍溪而風行天下，亦因泰州、龍溪而漸失其傳。泰州、龍溪時時不滿其師說，益啓瞿曇之秘而歸之師，蓋躋陽明而為禪矣。然龍溪之後，力量無過於龍溪者，又得江右為之救正，故不至十分決裂。泰州之後，其人多能以赤手搏龍蛇，傳至顏山農、何心隱一派，遂復非名教之所能羈絡矣。顧端文曰：「心隱輩坐在利欲膠漆盆中，所以能鼓動得人，只緣他一種聰明，亦自有不可到處。」義以為非其聰明，正其學術也。所謂祖師禪者，以作用見性。諸公掀翻天地，前不見有古人，後不見有來者。釋氏一棒一喝，當機橫行，放下拄杖，便如愚人一般。諸公赤身擔當，無有放下時節，故其害如是。今之言諸公者，大概本弇州之《國朝叢記》，弇州蓋因當時愛書節略之，豈可為信？義故其派下之著者，列於下方。〔註132〕

宗羲指出王學得以風行，還賴泰州和龍溪的宣揚，但也痛砭他們為導致陽明真傳淪亡的罪魁禍首。〔註133〕泰州之後，從遊者多治學未精，卻能動輒「以

〔註131〕〔清〕黃宗羲：《明儒學案》，卷 17，〈江右王門學案二・文莊歐陽南野先生德〉，1：359。

〔註132〕〔清〕黃宗羲：《明儒學案》，卷 32，〈泰州學案一〉，2：703。

〔註133〕呂妙芬指出「黃宗羲、顧炎武與清代學者多以放蕩、空虛批判泰州學者，認為其學說迷眾，是名教大罪人」，但「此看法至晚清始有轉變，民國以降，在新文化運動與馬克思主義的影響下，學者對於泰州學者反傳統的聲音及平民化的作風，給予相當高的評價，嵇文甫、容肇祖、侯外廬、楊天石等人的著作就帶有這樣的立場」呂氏的討論則強調不著意於評論他們的講學活動對社

赤手搏龍蛇」，信口與人論說。像顏鈞（1504～1596）和何心隱（1517～1579）
就是其中之著者。這裡引述了顧憲成（1550～1612）的話，說何心隱之所以
能鼓動人由利欲之途在於其「聰明」，但宗羲認爲何氏能做到的原因不在其
「聰明」，而是在其「學術」。其學術如何？案序下文有言：「心隱在京師，闢
各門會館，招來四方之士，方技雜流，無不從之。」〔註134〕由此可見，何心
隱等不學無術。宗羲也載錄何心隱論利欲之文，並批評其學同於張儀、蘇秦
之輩：

> 心隱之學，不墮影響，……又曰：「孔、孟之言無欲，非濂溪之言無
> 欲也。欲惟寡則心存，而心不能以無欲也。欲魚、欲熊掌，欲也，
> 舍魚而取熊掌，欲之寡也。欲生、欲義，欲也，舍生而取義，欲之
> 寡也。欲仁非欲乎？得仁而不貪，非寡欲乎？從心所欲，非欲乎？
> 欲不踰矩，非寡欲乎？此即釋氏所謂妙有乎？」蓋一變而爲儀、秦
> 之學矣。〔註135〕

何氏巧言利口，以「欲」字連類比物，更將此「寡欲」之謬論與釋氏的「妙
有」扯上關係，恣意妄言，宛若縱橫家，其言論明顯不符儒學正統。再如「得
泰州之傳」的顏鈞：

> 其學以人心妙萬物而不測者也。性如明珠，原無塵染，有何睹聞？
> 著何戒懼？平時只是率性所行，純任自然，便謂之道。及時有放逸，
> 然後戒慎恐懼以修之。凡儒先見聞，道理格式，皆足以障道。此大
> 旨也。嘗曰：「吾門人中，與羅汝芳言從性，與陳一泉言從心，餘子
> 所言，只從情耳。」山農遊俠，好急人之難。趙大洲赴貶所，山農

會造成的正負面影響，試圖以社會文化史的角度，客觀地陳述泰州學者的講
學教化活動。她主張「聖學論述本身潛藏著多元走向的可能性，人物和歷史
情境的差異也會對聖學之體驗、聖學符號之運用、表述道德的方式等造成複
雜迂曲的影響。」她反對學者「以爲陽明學者講學的內容或形式必然會帶出
某種風尚，而完全忽略不同人在不同歷史情境下對觀念的運用與解讀所具有
的差異性」。因此，對於泰州學者的「工夫論、言說的吊詭」及「道德表述的
多樣性」，她更多時候選擇予以同情的理解，並肯定了他們開啓多元學術風尚
的歷史角色。詳見呂妙芬：《陽明學士人社群：歷史、思想與實踐》，頁 327
～368。儘管學者對泰州學派的評價褒貶不一，本書則純粹就《學案》的編纂，
申論黃宗羲如何看待泰州學派的治學及工夫實踐；〈泰州學案〉中所採擇的材
料如何反映宗羲的門戶立場。

〔註134〕〔清〕黃宗羲：《明儒學案》，卷32，〈泰州學案一〉，2：704。
〔註135〕〔清〕黃宗羲：《明儒學案》，卷32，〈泰州學案一〉，2：705。

偕之行，大洲感之次骨。波石戰沒沅江府，山農尋其骸骨歸葬。顏
欲有爲於世，以寄民胞物與之志。嘗寄周恭節詩云：「濛濛煙雨鎖江
垓，江上漁人爭釣台。夜靜得魚呼酒肆，湍流和月撥將來。若得春
風遍九垓，世間那有三歸台。君仁臣義民安堵，雉兔芻蕘去復來。」
然世人見其張惶，無賢不肖皆惡之，以他事下南京獄，必欲殺之。
近溪爲之營救，不赴廷對者六年。近溪謂周恭節曰：「山農與相處，
餘三十年。其心髓精微，決難詐飾。不肖敢謂其學直接孔、孟，俟
諸後聖，斷斷不惑。不肖菲劣，已蒙門下知遇，又敢竊謂門下，雖
知百近溪，不如今日一察山農子也。」〔註136〕

宗義的評價看似毀譽參半，實際上仍是在指出泰州學派的偏離正道。顏鈞爲
學大旨不循儒學規轍，雖以「率性」爲道，但更多是「及時有放逸，然後戒
愼恐懼以修之」。且宗義稱其遊俠，則自非儒學正統。儘管宗義引述顏鈞之得
意門生羅汝芳（1515～1588）對他的讚頌，但上一句言「世人見其張惶，無
賢不肖皆惡之，以他事下南京獄，必欲殺之」，則提醒我們羅氏一人所見畢竟
與世人的看法迥異，讀者不能不察。〔註137〕

〔註136〕〔清〕黃宗羲：《明儒學案》，卷32，〈泰州學案一〉，2：703～704。

〔註137〕劉勇試圖「以〈泰州學案〉中的顏鈞傳記爲主要考察對象，依據新近面世的
各種相關原始資料，詳細檢討黃宗羲如何通過抽取、曲解和竄改已有的文獻
記載，重新模塑出顏鈞學有所宗、急公好義的歷史形象」。他認爲「從晚明以
來，顏鈞、何心隱等不少泰川學派的學者在思想內涵、政治際遇、行事風格
等各方面都遭到質疑和批評，而黃宗羲在〈顏鈞傳〉中採取的書寫策略，則
是在掌握相關文獻極爲有限的情況下，既爲了反駁已有的不利成說的影響，
也是應對清初思想界批判陽明學的現實需要」。換言之，劉氏認爲宗義曲解竄
改文字，爲顏鈞掩飾其陋習，是有意爲泰州學派重新塑造一個正面的歷史形
象，來維護與其有關聯的王學。他說：「在包括政治上的亡國之責、學術上的
流於狂禪、道德倫理上的『魚餒肉爛』等各種指斥紛至遝來的清初，陽明學
承受著超乎尋常的壓力，在這種情況下描述陽明後學的爲學宗旨和道德品行
時，類似的辯白甚至是歪曲原意，都是可以理解的事。」詳見劉勇：《黃宗羲
對泰州學派歷史形象的重構——以〈明儒學案・顏鈞傳〉的文本檢討爲例》，
《漢學研究》第26卷第1期，2008年3月，頁165～196。但就本書所論，
案序清楚揭明發端於陽明的泰州學派早已偏離王學精神，流於狂禪，並沒有
劉氏所謂的宗義企圖爲泰州學派樹立正面形象一事。要之，正是因爲面對社
會輿論的撻伐，宗義更不可能爲泰州之徒的駭人言動來多做遁詞，而應該是
如《學案》所示，對他們的流弊加以剖析揭發，才不致使王門遭到誣衊（見
下文論述）。故以劉氏的考察發現，我們只能說宗義在陳述顏鈞的行跡時，或
有稍作潤飾，但要說宗義扭曲史實以辯護泰州之徒，改變其歷史形象，則與

　　宗羲批判泰州學派，稱他們爲「祖師禪」。他說泰州「諸公掀翻天地，前不見有古人，後不見有來者」，可知泰州學派門庭之廣闊，學風之播染甚遠，可謂空前絕後。但泰州學者徒知「以作用見性」爲事，又「無有放下時節」，比之釋氏的棒喝可謂有過之而無不及，「故其害如是」。須知泰州學派中即使有反對「祖師禪」者，也不再主張徹底闢佛了：

> 先生（趙貞吉）謂「禪不足以害人」者，亦自有説：「朱子云：『佛學至禪學大壞。』蓋至於今，禪學至棒喝而又大壞。棒喝因付囑源流，而又大壞。就禪教中分之爲兩：曰如來禪，曰祖師禪。如來禪者，先儒所謂語上而遺下，彌近理而大亂眞者是也。祖師禪者，縱橫掉闔，純以機法小慧牢籠出沒其間，不啻遠理而失眞矣。今之爲釋氏者，中分天下之人，非祖師禪勿貴，遞相囑付，聚群不逞之徒，教之以機械變詐，皇皇求利，其害甯止於洪水猛獸哉！故吾見今之學禪而有得者，求一樸實自好之士而無有。假使達摩復來，必當折棒噤口，塗抹源流，而後佛道可興。」〔註138〕

趙貞吉（1508～1576）喜近禪學，認爲只要「折棒噤口」，便可再興佛道。他更自恃其學禪之功，答友便云：「華翰書旨，皆戒僕之留意禪宗者。夫僕之爲禪，自弱冠以來矣，敢欺人哉！公試觀僕之行事立身，於名教有悖謬者乎？則禪之不足以害人明矣。僕蓋以身證之，非世儒徒以口說諍論比也。吾性中有十八陰界，戕亂我靈明，賊伐我元命，僕蓋欲以明智定力，破此一身，伐性陰賊，雖不能徹底一澄照，睿聖聰明如古至人，而莊、孟以下，欲庶幾也。向來嘗以此意微露於公前，而公遂疑之。僕何不幸，而不遇公之賞音哉！」〔註139〕趙氏自詡禪學令其大獲裨益，怎奈不得知音之賞愛。他的種種自白終

案序内容南轅北轍。另有論文指出宗羲在載錄顏鈞、何心隱及陳九川諸人於《學案》時，在文獻彙編時有所遺漏。但作者未能深入分析箇中緣由，只是提出兩個籠統的可能性，即黃宗羲或未見案主的文獻，或視而不見。作者甚至指出黃宗羲是借用鄧元錫（1529～1593）的評論來寫顏均的敘傳内容的，所以黃梨洲的評價「並非建立在對顏均的文集研讀基礎上的認知」。見姚文永：《淺談《明儒學案》的文獻選擇──以顏均、何心隱、陳九川爲例》，《運城學院學報》，2014年01期，頁9～12。此說甚爲不當。必須明白，儘管黃宗羲在敘傳中套用他人的評論，這並不代表梨洲本人沒有同樣的看法。換言之，他所引用的評價，也可以是在他研讀案主原著後所得之印象。

〔註138〕〔清〕黃宗羲：《明儒學案》，卷33，〈泰州學案二・文肅趙大洲先生貞吉〉，2：748。

〔註139〕〔清〕黃宗羲：《明儒學案》，卷33，〈泰州學案二・文肅趙大洲先生貞吉〉，

究換來宗義的詆厲：

> 先生之所謂「不足以害人」者，亦從彌近理而大亂眞者學之。古來
> 如大年、東坡、無垢、了翁一輩，皆出於此。若其遠理而失眞者，
> 則斷斷無一好人也。〔註140〕

觀於泰州之徒的講學大旨，〔註141〕便可知他們不再牢守儒、釋之疆界，也無
意於緊扣心學之玄。他們雖示人以良知說，卻早已同王學門戶漸行漸遠。誠
如黃宗羲之師劉宗周所言：「今天下爭言良知矣。及其弊也，倡狂者參之以情
識，而一是皆良；超潔者蕩之以玄虛，而夷良於賊。」〔註142〕宗羲則稱他們
只是「益啓瞿曇之秘而歸之師，蓋躋陽明而爲禪」。宗羲也在河東學案的案序
中透露此現象，他說：「河東之學，恫愊無華，恪守宋人矩矱，故數傳之後，
其議論設施，不問而可知其出於河東也。若陽明門下親炙弟子，已往往背其
師說，亦以其言之過高也。然河東有未見性之譏，所謂『此心始覺性天』者，
定非欺人語，可見無事乎張惶耳。」〔註143〕總而言之，泰州學者爲學宗旨背
離了陽明的初衷，倡狂自恣的行徑引起社會各界的譁然與側目，卻還高舉著
王學的旗幟，招致眾人對陽明的口誅筆伐。宗羲對泰州學派的批評，正是「見
於晚明狂禪僞良知流弊，而不得不發此沉痛之糾彈。」〔註144〕

在泰州宗師王艮（1483～1541）的學案中，宗羲指出，

> 當是時，陽明之學，謗議蜂起，而先生冠服言動，不與人同，都人
> 以怪魁目之。同門之在京者勸之歸，陽明亦移書責之，先生始還會
> 稽。陽明以先生意氣太高，行事太奇，痛加裁抑，及門三日不得見。
> 陽明送客出門，先生長跪道旁，曰：「艮知過矣。」陽明不顧而入，
> 先生隨至庭下，屬聲曰：「仲尼不爲已甚。」陽明方揖之起。陽明卒
> 於師，先生迎哭至桐廬，經紀其家而後返。開門授徒，遠近皆至。
> 同門會講者，必請先生主席。陽明而下，以辯才推龍溪，然有信有
> 不信，惟先生於眉睫之間，省覺人最多。謂「百姓日用即道」，雖僮

〔註140〕　2：756。
〔註140〕　〔清〕黃宗羲：《明儒學案》，卷33，〈泰州學案二・文肅趙大洲先生貞吉〉，
　　　　　2：748。
〔註141〕　詳參錢穆：《宋明理學概述》，頁286～308、331～347。
〔註142〕　轉引自劉述先：《黃宗羲心學的定位》，頁135。
〔註143〕　〔清〕黃宗羲：《明儒學案》，卷7，〈河東學案上・文清薛敬軒先生瑄〉，1：
　　　　　110。
〔註144〕　見錢穆：《宋明理學概述》，頁344～347。

　　僕往來動作處，指其不假安排者以示之，聞者爽然。〔註145〕

宗羲直言當時謗議陽明之學的言論甚囂塵上，而王艮向時又招搖講說，冠服異常，言論聳動，眾目以爲怪魁。職是之故，王學遭到社會輿論的聲討與王艮的荒唐行跡關係甚深。宗羲得失並陳，雖承認王艮極具感化力量，頗有頑廉懦立之風，但也表明其學「於遯世不見知而不悔之學，終隔一塵」〔註146〕。他指明王艮「意氣太高，行事太奇」，鋒芒畢露，立論卻又多爲「蒲輪轍環意見」，促使陽明「存心裁抑他」。〔註147〕這已暗喻王艮之學術涵養，未得到陽明認同。《學案》摘錄了王艮一些似是而非的言論：

　　明哲者，良知也。明哲保身者，良知良能也。知保身者，則必愛身；能愛身，則不敢不愛人；能愛人，則人必愛我；人愛我，則吾身保矣。能愛身者，則必敬身；能敬身，則不敢不敬人；能敬人，則人必敬我；人敬我，則吾身保矣。故一家愛我，則吾身保，吾身保，然後能保一家；一國愛我，則吾身保，吾身保，然後能保一國；天下愛我，則吾身保，吾身保，然後能保天下。知保身而不知愛人，必至於適己自便，利己害人，人將報我，則吾身不能保矣。吾身不保，又何以保天下國家哉！能知愛人，而不知愛身，必至於烹身割股，舍生殺身，則吾身不能保矣。吾身不能保，又何以保君父哉！

　　（〈明哲保身論〉）〔註148〕

此段論述看似簡易通達，愚夫愚婦皆能履之，但像「能敬身」者，「則不敢不敬人」，兩者之間並無必然的因果關係，以此類推，則其論述更似在自圓其說。《學案》也選錄了他一些語帶棒喝機鋒的文字：

　　一友持功太嚴，先生覺之曰：「是學爲子累矣。」因指斲木者示之曰：

　　「彼卻不曾用功，然亦何嘗廢學。」〔註149〕

最後，王艮仲子王東崖先生（1511～1587）在他沒後，「往來各郡，主其教事」。

〔註145〕〔清〕黃宗羲：《明儒學案》，卷32，〈泰州學案一‧處士王心齋先生艮〉，2：710。

〔註146〕〔清〕黃宗羲：《明儒學案》，卷32，〈泰州學案一‧處士王心齋先生艮〉，2：710。

〔註147〕見錢穆：《宋明理學概述》，頁302。

〔註148〕〔清〕黃宗羲：《明儒學案》，卷32，〈泰州學案一‧處士王心齋先生艮〉，2：715～716。

〔註149〕〔清〕黃宗羲：《明儒學案》，卷32，〈泰州學案一‧處士王心齋先生艮〉，2：714。

黃宗羲雖稱他「歸則扁舟於村落之間，歌聲振乎林木，恍然有舞雩氣象」，但仔細琢磨終究是玩弄光景之作。其敘傳曰：

> 先生之學，以「不犯手爲妙。鳥啼花落，山峙川流，饑食渴飲，夏
> 葛冬裘，至道無餘蘊矣。充拓得開，則天地變化，草木蕃；充拓不
> 去，則天地閉，賢人隱。今人才提學字，便起幾層意思，將議論講
> 説之間，規矩戒嚴之際，工焉而心日勞，勤焉而動日拙，忍欲希名
> 而誇好善，持念藏機而謂改過，心神震動，血氣靡寧。不知原無一
> 物，原自見成。但不礙其流行之體，眞樂自見，學者所以全其樂也，
> 不樂則非學矣。」此雖本於心齋〈樂學〉之歌，而龍溪之授受，亦
> 不可誣也。白沙云：「色色信他本來，何用爾腳勞手攘？舞雩三三兩
> 兩，正在勿妄勿助之間。曾點些兒活計，被孟子打併出來，便都是
> 鳶飛魚躍。若無孟子工夫，驟而語之以曾點見趣，一似説夢。蓋自
> 夫子川上一歎，已將天理流行之體，一日迸出。曾點見之而爲暮春，
> 康節見之而爲元會運世。故言學不至於樂，不可謂之樂。」至明而
> 爲白沙之藤蓑，心齋父子之提唱，是皆有味乎其言之。然而此處最
> 難理會，稍差便入狂蕩一路。所以朱子言曾點不可學，明道説康節
> 豪傑之士，根本不貼地，白沙亦有説夢之戒。細詳先生之學，未免
> 猶在光景作活計也。〔註150〕

黃宗羲在此特別以白沙之學爲參照，說明心齋父子倡言「樂學」雖極似白沙，卻「未免猶在光景作活計」，無有眞工夫，而演變爲狂蕩一路。

　　儘管後世學者對泰州學派的評價有所改變，但他們的作風在當時連累王學受到詬罵是不爭的事實。錢穆說：「這樣流動性的集會講學，一面是講各自的良知，反身而即得。一面是講天地萬物爲一體，當下即聖人。聽講的人多而又雜，講得又簡易，又廣大，自然難免有流弊。於是遂有所謂僞良知，識者譏之爲狂禪。同時江西同門，則正想力矯此流弊。」〔註151〕爲了洞釋群疑，宗羲不得不借由《學案》歷數泰州治學上的齟齬，以泰州學派爲王門別出。〔註152〕宗羲的割席之舉實際上是在撇清兩者之關係，稱泰州學案而不隸

〔註150〕〔清〕黃宗羲：《明儒學案》，卷32，〈泰州學案一・處士王東崖先生襞〉，2：
　　　　719。
〔註151〕錢穆：《宋明理學概述》，頁300。
〔註152〕錢穆謂「守仁的良知學，本來可說是一種社會大眾的哲學。但眞落到社會大
　　　　眾手裡，自然和在士大夫階層中不同」。他認爲「單從這一點講，我們卻該認

屬王門，正是爲維護王門之正統。

其實，在〈泰州學案〉之前，黃宗羲也特別爲李見羅先生（1519～1595）另置〈止修學案〉。宗羲認爲李材已更心學之弦，〔註153〕在其敘傳中便不諱言：

> 先生初學於鄒文莊，學致良知之學。已稍變其說，謂「致知者，致其知體。良知者，發而不加其本體之知，非知體也」。已變爲性覺之說，久之喟然曰：「總是鼠遷穴中，未離窠臼也。」於是拈「止修」兩字，以爲得孔、曾之眞傳。……〔註154〕

李見羅標新立異，主張「止修」爲聖學宗旨，其「著書數十萬言，大指不越於此」〔註155〕。《學案》中收錄大篇幅的文字，言皆不出其「止修」之藩籬。黃宗羲載錄其「論學書」的內容，共有 46 條文字，其中就有 22 條（約莫一半）是直接言及「知止」的。此學案第二部分則摘抄李材《大學約言》的論述，共 18 條，其中更有 13 條是申言「知止」的。

宗羲對於李見羅自矜爲得孔、曾之眞傳頗不以爲意，並有所質疑：「先生欲到歸於修身，以知本之本，與修身爲本之本，合而爲一，終覺齟齬而不安也。」〔註156〕他認爲「止修兩掣，東瞻西顧，畢竟多了頭面。若單以知止爲宗，則攝知歸止，與聶雙江之歸寂一也。先生恐其鄰於禪寂，故實之以修身。若單以修身爲宗，則形色天性。先生恐其出於義襲，故主之以知止。其實先生之學，以止爲存養，修爲省察，不過換一名目，與宋儒大段無異，反多一張惶耳。」〔註157〕最後，宗羲更引述許敬菴（1535～1604）和高忠憲（1562

泰州一派爲王學的眞傳」。錢穆：《宋明理學概述》，頁 303。

〔註153〕針對《學案》給李材另立〈止修學案〉的原因，朱鴻林說：「李材就是想做王陽明第二，他也帶過兵，講學還表明向王陽明立異，但結果都不理想。可是他的學術思想畢竟是從王陽明學說導源的，而且長期講學，又有不少學生，所以黃宗羲給他一個獨立的學案。」見朱鴻林：《朱鴻林讀黃宗羲：〈明儒學案〉講稿》，頁21。

〔註154〕〔清〕黃宗羲：《明儒學案》，卷 31，〈止修學案·中丞李見羅先生材〉，1：667。

〔註155〕〔清〕黃宗羲：《明儒學案》，卷 31，〈止修學案·中丞李見羅先生材〉，1：667。

〔註156〕〔清〕黃宗羲：《明儒學案》，卷 31，〈止修學案·中丞李見羅先生材〉，1：667。

〔註157〕〔清〕黃宗羲：《明儒學案》，卷 31，〈止修學案·中丞李見羅先生材〉，1：667～668。

～1626）所言來痛砭其弊：

> 許敬菴曰：「見羅謂道心人心，總皆屬用心，意與知總非指體。此等
> 立言，不免主張太過。中固是性之至德，舍道心之微，更從何處覓
> 中？善固是道之止宿，離心意與知，卻從何處明善？性無內外，心
> 亦無內外，體用何從而分乎？」高忠憲曰：「《大學》格致，即《中
> 庸》明善，所以使學者辨志定業，絕利一源，分剖爲己爲人之界，
> 精研義利是非之極，要使此心光明洞達，無毫髮含糊疑似於隱微之
> 地，以爲自欺之主。不然，非不欲止欲修，而氣稟物欲拘蔽萬端，
> 皆緣知之不至也。工夫吃緊沉著，豈可平鋪放在，說得都無氣力。」
> 兩公所論，皆深中其病。〔註158〕

綜上所訴，王學末流蔓延，轍環方內，影響所及自不待言。這些縱心肆志的
不肖後學浸爲小人之無忌憚，致使陽明受池魚之殃，成爲他們的替罪羊。宗
義便在編選材料和各學案的佈局上巧妙地歸納總結了王門各流派的得失，不
但不掩過飾非，還導正氾濫無準之病，教他們引咎自責。由此可見，宗義的
門戶觀念絕不是狹隘的，他並不選擇敝帚自珍，瞞天過海，盡以王門後學之
說爲是。〔註159〕爲了矯挽晚明社會對王學的種種撻伐，他揭發了匿身於王門
中卻專事現成良知者的身份，使他們原形畢露。

　　本章以〈白沙學案〉的發現爲引子，闡釋了《明儒學案》在選置材料上
的若干情況如何體現黃宗羲特殊的門戶考量。第一，黃宗羲分別以白沙和陽
明爲明代心學的承續者和集大成者，在《學案》裡更是千回百轉地連類兩人
的學問，目的是建立陽明學的傳統，使其不淪爲異端。第二，黃宗羲爲了確
立王門爲聖學中的一門戶，除了對象山、白沙和陽明的批評予以駁正，還披

〔註158〕〔清〕黃宗羲：《明儒學案》，卷 31，〈止修學案‧中丞李見羅先生材〉，1：
　　　　668。
〔註159〕事實上，黃宗羲在這方面的認知可謂得力於劉宗周的教導。四庫館臣謂劉宗
　　　　周「生於山陰，守其鄉先生之傳，故講學大旨多淵源於王守仁。蓋目染耳濡，
　　　　其來有漸，然明以來講姚江之學者，如王畿、周汝登、陶望齡、陶奭齡諸人，
　　　　大抵高明之過，純入禪機。奭齡講學白馬山至全以佛氏因果爲說，去守仁本
　　　　旨益遠。宗周獨深鑒狂禪之弊，築證人書院，集同志講肄，務以誠意爲主，
　　　　而歸功於慎獨，其臨沒時，猶語門人曰：「爲學之要一誠盡之，而主敬其功也」
　　　　云云，蓋爲良知末流，深砭痼疾。故其生平造詣能盡得王學所長，而去其所
　　　　短，卒之大節炳然，始終無玷爲一代人倫之表。雖祖紫陽而攻金谿者，亦不
　　　　能以門戶之殊並詆宗周也。知儒者立身之本末惟其人，不惟其言矣。」見《劉
　　　　子遺書》提要，收入《景印文淵閣四庫全書》，717：99～100。

露了王學流裔的陋習和謬論，目的是肅清王門，整飭門户。黃宗羲爲求釜底抽薪，以另立泰州和止修學案的編纂手法來將這些偏離王學的後學和陽明區分開來。〔註160〕但觀於上文論述，宗羲雖主張王守仁有功於聖學，汲汲於讓學者承認王門爲儒學正統之一，其《明儒學案》卻不以批判或剷除朱學爲事。學者陳祖武就曾點出：「黃宗羲雖爲王學後勁，但是他並沒有爲一時朱陸學術所拘囿。他認爲，王守仁的『致良知』說，與朱熹的『格物致知』說，足以『並存天壤』。」〔註161〕事實上，黃宗羲痛砭的正是門户成見和派系傾軋。他立說之鵠的該是求建立一個開放的學術言論空間，使有力於闡發聖學的各門各户各有所守，同時在學術和思想史上皆受到肯定與尊重。

〔註160〕 陳錦忠認爲《明儒學案》在〈諸儒學案〉之後另立〈東林學案〉，不免令人感到奇怪。他稱黃宗羲立〈東林學案〉有其隱晦的、非學術的個人因緣，即由於其父親黃尊素與東林黨人過從甚密而遭革職削籍乃至被害，黃宗羲便自然與東林存有特殊關係與情分，故立〈東林學案〉並對攻訐東林者皆駁正不遺。在這個意義上，陳錦忠同意前人論黃宗羲門户之見與黨人習氣至深的看法。詳見陳錦忠：〈黃宗羲《明儒學案》著成因緣與其體例性質略探〉，頁 121～129。據陳錦忠的論述，黃宗羲立〈東林學案〉便是爲東林人物說辭。然而，黃宗羲立〈諸儒學案〉又該作何解釋？本書認爲學者固然可以論證宗羲具有門户之見，但對其「門户觀」的實際內涵不能不無所辨析。門户觀是否就是「黨同伐異」？讀者不該以一己之成見想當然爾，而忽略黃宗羲的關懷。黃宗羲立〈諸儒學案〉，並對於其中的儒者亦有所推重，不也表明他的門户觀並非偏隘不達。我們或許應該說他重視各家爲聖學所作出的貢獻，他反對的是學者獨尊一先生之言而無所發明，才會如此爲王學抱不平。

〔註161〕 陳祖武：《中國學案史》，頁 121。

第四章　餘　論

　　本書以個案的集中論析為考查進路，進而以個案裡的發現為主軸，剖析黃宗羲如何通過《明儒學案》的編纂來奠立王學為聖學門戶之一，不教佔據主流思潮的程、朱獨領風騷。當然，如能爬梳《明儒學案》全書，通過校勘原文和究覽明儒原著的內容，則能具體地掌握書中因為黃宗羲個人的門戶立場對史料的剪裁和選置的偏頗情況。惟其如此，方能不失於以偏概全，而能更有系統的、更透徹的瞭解是書中所蘊含的門戶之見。如此則能明白《四庫》館臣及前人學者為何對《明儒學案》持有「爭門戶」的總體印象。釐清了黃宗羲在撰寫《明儒學案》時的特殊門戶考量，學者在究鏡明儒之學宗等問題時，便有更多商榷的餘地，而不必盡以《明儒學案》之說為是。

　　本書的第二和第三章分別以蔡清和陳獻章兩人的學案為研究個案，分析了黃宗羲採取了哪些具體手法，借由《學案》來回護陸、王之心學。蔡清在〈讀蜀阜存稿私記〉一文中批評了陸九淵的後學錢時，黃宗羲便在〈蔡清學案〉裡辯詰他不知陸學，還突兀地指出蔡清既然批評陸學，則可謂亦未真知陳白沙。本書以此疑竇開展論述，通過比勘《學案》文本和相應的原著，發現黃宗羲為了證驗其敘傳中的論說，使陳白沙和陸象山得以連類在一起，就不惜逕自改動所採錄的文獻的部分內容。另外，蔡清的《四書蒙引》雖為明儒之治學圭臬，〈蔡清學案〉裡卻全不收錄任何注疏文字。依據〈蔡清學案〉裡的零星觀察，本書試圖在《學案》裡尋繹相類的情形。經過論析，我們可以確定黃宗羲於甄選和裁剪材料時，有這些傾向：一、不錄尊朱的明儒為《四書》所作的注疏文字；二、載錄明儒對陸、王的批評並予以評駁；三、塑造白沙學上承象山下啓陽明的印象。循此可知，黃宗羲一方面嘗試遏抑學者以

朱學爲學術正統的想法，一方面又通過駁正明儒對陸、王的批評來提升心學在學術界的地位。另外，黃宗羲以蔡清和陳獻章兩人學不相侔爲實，試圖劃清白沙與尊尚朱學者的界限。本書以爲黃宗羲言之鑿鑿，備述隱微，將陳白沙的身份確立爲明初時宣導心學的核心人物，其實是爲了讓王陽明在有明一代不致爲孤影獨行的異端分子。

事實上，黃宗羲在〈白沙學案〉裡就明白地指出陽明與白沙之學最爲相近。他以陽明之學繼承自宋代的陸象山和明初的陳白沙，而陽明本身則是明代心學重鎮。爲了證明這「心學」的譜系，黃宗羲在〈白沙學案〉的選置材料上頗費工夫。他不僅徹底捨去白沙與朱子有關的史料，在敘傳中把焦點放在白沙入禪的爭議上，又擇取偏向講述白沙重心學及修身實踐工夫方面的內容，以此種種嘗試建立陳白沙和王陽明在學問修養上的密切關係，爲的是確立朱學之外仍有陸象山、陳白沙及王陽明這一脈眞儒。爲了建立王學門户，黃宗羲在撰寫許多案主的敘傳及編排史料時煞費苦心。他大量收錄宗朱學者貶抑白沙學的語料，營造了白沙不屬朱子傳統的印象，又以陽明弟子對白沙和象山的褒獎來說明三者學問的相契。儘管黃宗羲以白沙與陽明在程、朱系統以外自成門户，但王學終究一再受到排斥與攻擊。職是之故，黃宗羲在《學案》裡透過深切的剖判，指出王門後學中的不肖者，以整飭王學爲務。由此可見，黃宗羲雖偏任王學，卻未一味掩飾陽明後學的偏失，或採取與朱學完全敵對的立場。但本書認爲黃宗羲揪出僞良知者，目的不在承認王學的流弊，而在還原陽明學的本來面貌，廓清王學宗旨，以說明陽明與不肖後學之間的區別。他在自揭王門後學之短之際，也大力推崇王門之善學者（尤其是江右一派），肯定他們對王學的闡發。如此將有利於奠定王學爲聖學傳統的門户之一。

另外，本書未及深論但值得一提的是，除了反思王門流裔的種種治學取向，黃宗羲也強調重新審視朱子學說及察其流衍之病。比如，他就特別嘉許蔡清和陳獻章對朱子的舊法做出修正與發明。〈蔡清學案〉的討論中所見，黃宗羲試圖打破學者獨尊朱學的局面。黃宗羲在陳獻章的敘傳中引述了白沙自序說他二十七時發憤從吳與弼學，卻終究無所得一事。在白沙的語錄中，梨洲又特別摘抄白沙對於朱子治學提出的異議。這除了達到上述的區隔兩人之學術的作用，將白沙定位爲陽明的先聲，也在在體現了梨洲借此對於朱學獨佔學術領導地位的質疑與重新審視。《明儒學案》選錄的材料中，不乏明儒和

黃宗羲本人對朱熹及其後人的學說琢磨再三的言論，可見他對於明儒們省思朱學之流衍情況的史料有所偏好甄擿。以吳與弼爲例，《明儒學案》中收錄白沙謂先生「於古聖賢垂訓之書，蓋無所不講，然未知入處」，〔註1〕宗羲又以吳康齋爲「一稟宋人成說」，其弟子皆「不敢離此矩矱」。〔註2〕這點出吳康齋治學的途徑是讀古聖賢之書，博學之餘卻無法令從學者有所啓發。黃宗羲雖稱「微康齋，焉得有後時之盛哉」，但在康齋學案的語錄中也多衹截取其讀書心得：

> 食後坐東窗，四體舒泰，神氣清朗，讀書愈有進益。數日趣同，此必又透一關矣。〔註3〕

> 貧困中，事務紛至，兼以病瘝，不免時有憤躁。徐整衣冠讀書，便覺意思通暢。古人云：「不遇盤根錯節，無以別利器。」又云：「若要熟，也須從這裡過。」然誠難能，只得小心寧耐做將去。朱子云：「終不成處不去便放下。」旨哉是言也！〔註4〕

> 南軒讀《孟子》甚樂，湛然虛明，平旦之氣略無所撓，綠陰清晝，薰風徐來，而山林閴寂，天地自闊，日月自長。邵子所謂「心靜方能知白日，眼明始會識青天」，於斯可驗。〔註5〕

> 觀《近思錄》，覺得精神收斂，身心檢束，有歉然不敢少恣之意，有悚然奮拔向前之意。〔註6〕

> 枕上默誦《中庸》，至「大德必受命」，惕然而思：舜有大德，既受命矣；夫子之德，雖未受命，卻爲萬世帝王師，是亦同矣。嗟乎！

〔註1〕 〔清〕黃宗羲：《明儒學案》，卷5，〈白沙學案上・文恭陳白沙先生獻章〉，1：80。

〔註2〕 〔清〕黃宗羲：《明儒學案》，卷1，〈崇仁學案一・聘君吳康齋先生與弼〉，1：14。

〔註3〕 〔清〕黃宗羲：《明儒學案》，卷1，〈崇仁學案一・聘君吳康齋先生與弼〉，1：17。

〔註4〕 〔清〕黃宗羲：《明儒學案》，卷1，〈崇仁學案一・聘君吳康齋先生與弼〉，1：17～18。

〔註5〕 〔清〕黃宗羲：《明儒學案》，卷1，〈崇仁學案一・聘君吳康齋先生與弼〉，1：18。

〔註6〕 〔清〕黃宗羲：《明儒學案》，卷1，〈崇仁學案一・聘君吳康齋先生與弼〉，1：20。

知有德者之應，則宜知無德者之應矣。何修而可厚吾德哉！〔註7〕

上不怨天，下不尤人，君子居易以俟命，小人行險以僥倖。燈下讀《中庸》，書此，不肖恆服有效之藥也。〔註8〕

夜觀《晦菴文集》，累夜乏油，貧婦燒薪爲光，誦讀甚好。爲諸生授《孟子》卒章，不勝感激。臨寢，猶諷詠〈明道先生行狀〉。久之，頑鈍之資爲之惕然興起。〔註9〕

枕上思《晦菴文集》及《中庸》，皆反諸身心性情，頗有意味。昨日欲書戒語云「溫厚和平之氣，有以勝夫暴戾逼窄之心，則吾學庶幾少有進耳。」今日續之云：「欲進乎此，舍持敬窮理之功，則吾不知其方矣。」蓋日來甚覺此二節工夫之切，而於《文集》中玩此話頭，益有意味也。〔註10〕

看朱子「六十後長進不多」之語，怳然自失。嗚呼！日月逝矣，不可得而追矣。〔註11〕

夜臥閣中，思朱子云「閒散不是眞樂」，因悟程子云「人於天地間，並無窒礙處，大小咸快活，乃眞樂也。」勉旃，勉旃！〔註12〕

年老厭煩非理也。朱子云：「一日不死，一日要是當。」故於事厭倦，皆無誠。〔註13〕

由以上數條「吳康齋先生語」觀之，可見吳與弼多遵述程、朱，對前人之成

〔註7〕　〔清〕黃宗羲：《明儒學案》，卷1，〈崇仁學案一‧聘君吳康齋先生與弼〉，1：21。

〔註8〕　〔清〕黃宗羲：《明儒學案》，卷1，〈崇仁學案一‧聘君吳康齋先生與弼〉，1：21。

〔註9〕　〔清〕黃宗羲：《明儒學案》，卷1，〈崇仁學案一‧聘君吳康齋先生與弼〉，1：24。

〔註10〕　〔清〕黃宗羲：《明儒學案》，卷1，〈崇仁學案一‧聘君吳康齋先生與弼〉，1：24。

〔註11〕　〔清〕黃宗羲：《明儒學案》，卷1，〈崇仁學案一‧聘君吳康齋先生與弼〉，1：26。

〔註12〕　〔清〕黃宗羲：《明儒學案》，卷1，〈崇仁學案一‧聘君吳康齋先生與弼〉，1：28。

〔註13〕　〔清〕黃宗羲：《明儒學案》，卷1，〈崇仁學案一‧聘君吳康齋先生與弼〉，1：28。

說雖稱頌有加，卻無所發明，僅借其言以自我砥礪而已。《明儒學案》甄錄的內容讓讀者瞭解到學宗程、朱者偏重在鑽研經學，像康齋雖亦重視內在的修煉，也僅以程、朱舊說來要求自己盈科而後進。當然，效法程、朱並非壞事，但明儒多以朱學爲正統，又批評王學爲外道，故黃宗羲痛惜的是「奈何今之君子，必欲出於一途，勦其成說，以衡量古今，稍有異同，即詆之爲離經畔道，時風眾勢，不免爲黃芽白葦之歸耳。」〔註14〕對宗羲而言，這是違背常理的，他認爲「夫苟工夫著到，不離此心，則萬殊總爲一致。學術之不同，正以見道體之無盡也。」〔註15〕東林學者陳龍正（生卒年不詳，崇禎甲戌〔1634〕進士）亦持此論調，他說：「朱子知行並進，何嘗不重覺悟？只似多卻推駁象山一番。然非自爲，爲後世也。象山立身實無可議，陽明大類之，無忝躬行君子，只多卻推駁朱子一番。顏、曾、木、卜，同在聖門，親領德旨，其用功得力處，何嘗不小異？使當時必欲相同，亦成聚訟矣。大抵學問，只怕差，不怕異。入門不妨異，朝聞夕可，歸宿必同。用力不妨異，設誠致行，起念必同。」〔註16〕「入門不妨異」正是宗羲所欲見的門戶共存，君子和而不同之道。在朱學爲主流的情勢下，宗羲通過《明儒學案》中所論來重新審視朱子學說及察其流衍之病，並試圖扭轉學術界「一言堂」的現象，使王學也能「登堂入室」，與朱學並駕齊驅。

　　黃宗羲在王陽明的敘傳中交代其學有三變時，就指出陽明少時就對朱學有所省思及捨棄：

> 先生之學，始氾濫於詞章，繼而遍讀考亭之書，循序格物，顧物理吾心終判爲二，無所得入。於是出入於佛、老者久之。及至居夷處困，動心忍性，因念聖人處此更有何道？忽悟格物致知之旨，聖人之道，吾性自足，不假外求。其學凡三變而始得其門。自此以後，盡去枝葉，一意本原，以默坐澄心爲學的。有未發之中，始能有發而中節之和，視聽言動，大率以收斂爲主，發散是不得已。江右以後，專提「致良知」三字，默不假坐，心不待澄，不習不慮，出之自有天則。蓋良知即是未發之中，此知之前更無未發；良知即是中節之和，此知之後更無已發。此知自能收斂，不須更主於收斂；此

〔註14〕〔清〕黃宗羲：《明儒學案》，明儒學案序，1：7。

〔註15〕〔清〕黃宗羲：《明儒學案》，明儒學案序，1：7。

〔註16〕〔清〕黃宗羲：《明儒學案》，卷61，〈東林學案四·中書陳幾亭先生龍正〉，2：1507。

知自能發散，不須更期於發散。收斂者，感之體，靜而動也；發散者，寂之用，動而靜也。知之眞切篤實處即是行，行之明覺精察處即是知，無有二也。居越以後，所操益熟，所得益化，時時知是知非，時時無是無非，開口即得本心，更無假借湊泊，如赤日當空而萬象畢照。是學成之後又有此三變也。〔註17〕

事實上，根據劉述先的考證，黃宗羲這一段內容基本上是脫胎自陽明高足錢德洪的〈刻文錄敘說〉一文。錢緒山謂：「先生之學凡三變，其爲教也三變。少之時馳騁於辭章，已而出入二氏，繼乃居夷處困，豁然有得於聖賢之旨，是三變而至道也。」〔註18〕劉氏指出「梨洲述陽明少時對朱學不滿，爲德洪所未及」。〔註19〕在參照錢緒山綜述陽明思想的內容後，可見宗羲插入了陽明「遍讀考亭之書，循序格物，顧物理吾心終判爲二，無所得入」這一段文字。黃宗羲特別強調朱學無法滿足像白沙和陽明這些儒者，不正說明朱學也有其不圓滿之處。但朱學貴爲國家學術之正統，鮮有學者批評。〈姚江學案〉裡載錄王文轅（生卒年不詳）的事蹟時，便陳述了這樣的背景：

……讀書多自得，不牽章句。嘗曰：「朱子註說多不得經意。」聞者怪之。惟陽明與之友，莫逆也。陽明將之南、贛，先生語其門人曰：「陽明此行，必立事功」，問其故，曰：「吾觸之不動矣。」其後先生歿，陽明方講良知之學，時多訕之者，歎曰：「安得起王司輿於九原乎？」〔註20〕

總而言之，黃宗羲在導正王學末流弊端之同時，也在朱子及其嫡傳者身上琢磨其學之流弊。通過兩家的得失並陳，方能教學者有所選擇，〔註21〕而非僅盲目服從一家之言。

綜斯以觀，黃宗羲對門戶的看法並非單純的「爾是我非」的門戶相軋之見。他主張各家之說自有其履道之宗旨，各由其途，殊途百慮，必有所得，無需強調一家之尊。故他一方面既鄙惡狹隘的門戶觀念，批判學者的倚門傍戶，另一方面也殫精竭慮、汲汲於建立多門多戶並峙的學術環境。但甚爲可

〔註17〕〔清〕黃宗羲：《明儒學案》，卷10，〈姚江學案〉，1：180。
〔註18〕轉引自劉述先：《黃宗羲心學的定位》，頁136。
〔註19〕見劉述先：《黃宗羲心學的定位》，頁136～138。
〔註20〕〔清〕黃宗羲：《明儒學案》，卷10，〈姚江學案〉，1：182～183。
〔註21〕朱鴻林認爲各個學案爲修身治學之一方，任君選擇一個用得著的「爲學方案」。見朱鴻林：《朱鴻林讀黃宗羲：〈明儒學案〉講稿》，頁25～28。

惜的是，他聲嘶力竭地爲陸、王一方爭取成爲儒學正統之一門戶的資格的同時，又於此之際不自覺地或有過於貶抑朱子一方之說。黃宗羲由於過分求索，而反陷溺於門戶之爭，在《學案》中形成一股張力。他因此而惹來「爭門戶」之非議，自是情有可原。

事實上，黃宗羲對門戶的關懷除了影響他的學術抱負，支配他的學術著作的編纂，也外延至他對社會政治制度的看法。學術和社稷本是息息相關，像是支配從祀活動的因素可以是既學術又政治的，而左右國家通過科舉選才的原因亦復如斯。宗羲對門戶共立的期望實際上滲透了他其他著述之中。但本書在此不擬深涉其中的政治原因，而只是提出黃宗羲在學術上的門戶關懷如何反映在他對國家社稷其他領域的論述。

黃宗羲在《明夷待訪錄》中論國家取士之法時，曾披露說：「取士之弊，至今日制科而極矣」。〔註 22〕他警惕道：「故時文者，帖書、墨義之流也。今日之弊，在當時權德輿已盡之。向若因循不改，則轉相模勒，日趨浮薄，人才終無振起之時。若罷經義，遂恐有棄經不學之士，而先王之道益視爲迂闊無用之具。余謂當復墨義古法，使爲經義者全寫《注疏》、《大全》、漢宋諸儒之說，一一條具於前，而後申之以己意，亦不必墨守一先生之言。由前則空疏者絀，由後則愚蔽者絀，亦變浮薄之一術也。」〔註 23〕可見黃宗羲在導正國家取士的弊端時，亦透露了他認爲學者「墨守一先生之言」的隱憂。

另外，《破邪論》爲黃宗羲暮年之作，其中他對科舉制度選才的批判也反映了他對舉子死守陳說的反感：

> 科舉之弊，未有甚於今日矣。余見高曾以來，爲其學者，《五經》、《通鑒》、《左傳》、《國語》、《戰國策》、《莊子》、八大家，此數書者，未有不讀以資舉業之用者也。自後則束之高閣，而鑽研於《蒙》、《存》、《淺》、《達》之講章。又其後則以爲汎濫，而《說約》出焉。又以《說約》爲冗，而圭撮於低頭《四書》之上，童而習之，至於解褐出仕，未嘗更見他書也。此外但取科舉中選之文，諷誦摹倣，移首碼後，雷同下筆已耳。昔有舉子以堯舜問主司者，歐陽公答之云：「如此疑難故事，不用也罷。」今之舉子大約此類也。此等人才，豈能

〔註 22〕〔清〕黃宗羲：《明夷待訪錄》，〈取士上〉，收入《續修四庫全書》（上海：上海古籍出版社，1995 年），945：474。

〔註 23〕〔清〕黃宗羲：《明夷待訪錄》，〈取士上〉，收入《續修四庫全書》，945：474。

劾國家一幛一亭之用？徒使天之生民受其笞撻，可哀也夫！顧有心世道者，亦明知此輩之無用，皆因循而莫之救，何也？如以朱子學校貢舉私議行之，未始不可。然極重難返之勢，不無惶駭，莫若就今見行事例稍為變通，未嘗不可以得真才也。……〔註24〕

值得注意的是，對於科舉的選才過程，黃宗羲不反對以朱子學校貢舉私議行之，他關心的終究是學者懷抱的治學態度。他針砭舉子畫地自限，只知「鑽研於《蒙》、《存》、《淺》、《達》之講章」，對科舉之外的書籍全不涉獵，始終埋頭於《四書》注疏著作之中，不斷反芻程朱舊聞。黃宗羲認為聖學中各家各得其所、各有所由之門户，應該各自得到尊重。《破邪論》裡有一篇饒有趣味的文章，題為〈罵先賢〉，其文曰：

偶閱徐芳所記錢蒙叟言，吳郡秦生某，同載北舟中，往往罵李卓吾不實。蒙叟笑曰：「卓吾非可輕罵之人也。」至京師，生忽大病，見一人前讓曰：「我卓老也，子何人斯，而亦罵我？」生大懼。翌日，市楮幣羹飯祭而拜之以謝愆焉，病始愈。余於是為今之罵象山、陽明者大懼焉。卓吾生平喜罵人，且其學術偏僻，罵之未始不可。而聊爾人尚不可罵，況象山、陽明之為先賢者乎！吾恐冥冥之中，必有奪其魂魄，而非楮幣羹飯之可謝也。吾嘗有言，人即頑冥不靈，必不敢罵關壯繆，以其能禍之也。壯繆之賢，不過如象山、陽明。而其異者，壯繆之威靈，以香火像設；象山、陽明之威靈，以書卷誦讀。曾謂書卷誦讀不如香火像設乎？是不知二五之為十也。雖然，今之敢於罵象山、陽明者，以晦翁為之主耳。此如豪奴之慢賓客，獵犬之逐行人，其主未嘗知也。假使鵝湖之會，朱、陸方賦詩問答，去短集長，而朱氏之舟子輿人，忽起而哄堂罵詈以助晦翁，晦翁其喜之乎，不喜之乎？吾知其必撻而逐之也。今人於兩先生之學，不過習德性問學之常談，其識見無以甚異於舟子輿人也。晦翁有靈，必且撻之冥冥之中，象山、陽明獨不能如壯繆乎？〔註25〕

黃宗羲有感於當時針對象山和陽明的謾罵聲不絕於耳，他駭怒不已，以近似詛咒的口吻回擊他們或因辱罵陸、王而遭到不測。宗羲認為對於那些自恃以晦翁為主而詬訾陸、王的朱學末流，晦翁如泉下有知，必會加以鞭撻逐之。

〔註24〕〔清〕黃宗羲：《破邪論》，〈科舉〉，收入《續修四庫全書》，495：500。
〔註25〕見〔清〕黃宗羲：《破邪論》，〈罵先賢〉，收入《續修四庫全書》，495：501。

他舉鵝湖之會中，朱、陸議論切磋，「去短集長」，以此已可見門戶並峙所帶來的積極作用。在文學方面，黃宗羲也非常忌恨學者倚門傍戶，獨尊一先生之言而無有新意。在其《明文海》提要中，館臣們謂「明代文章自何、李盛行天下，相率爲沿襲剽竊之學。迨嘉、隆以後，其弊益甚。宗羲之意在於掃除摹擬，空所倚傍，以情至爲宗。」〔註26〕

綜上，從《明夷待訪錄》的撮述及《破邪論》慷慨激昂的文字中，我們可進一步瞭解黃宗羲對門戶並存的堅持。觀上文所言之一二，可見黃宗羲對於各門戶共存的夙願，並不限於學術領域，就《明夷待訪錄》諸篇有關政治理想的文字和其他著述所及，無不貫穿著他對門戶那既複雜又鮮明的情緒。誠如錢穆慷慨之言，黃宗羲及一二前朝遺老「於現實政治，無堪措慮」，奈何處於「可悲之背景」。〔註27〕面對艱虞的處境，黃宗羲努力不懈，竭蹶以求門戶開放，以待後人之創闢，我們或許可以對其「爭門戶」之盛情予以同情。須知我們不該把黃宗羲的作爲簡化成學術上的門戶紛爭，誤以爲他以反對朱學爲志。在他努力的背後，更是爲了建立一個開放的學術環境，以致達到百慮萬殊，多元的思想進路對修整國家制度政策將大有裨益。今人謂黃宗羲高瞻遠識，具有宣導「民主」思潮之功，〔註28〕或許他當時所謂的「民主」關

〔註26〕見《明文海》提要，收入《景印文淵閣四庫全書》，1453：2。

〔註27〕錢穆：《中國近三百年學術史（一）》，頁38。

〔註28〕學者對黃宗羲思想中極具啓蒙意義的「民主」思想已多有探究。例如，吳光主編：《從民本走向民主：黃宗羲民本思想國際學術研討會論文集》（杭州：浙江古籍出版社，2006年）、楊慶球：《民主與民本：洛克與黃宗羲的政治及宗教思想》（香港：三聯書店（香港）有限公司，2005年）、孫衛華：《近代民主的開端：黃宗羲政治思想研究》（武漢：湖北人民出版社，2009年）。學術期刊：李存山：〈從民本走向民主的開端——兼評所謂「民本的極限」〉，《華東師範大學學報（哲學社會科學版）》，2006年第06期，頁1～8、邵漢明：〈論黃宗羲、嚴復民主啓蒙思想的差異性〉，《天津師範大學學報（社會科學版）》，2009年第2期，頁22～27、方祖猷：〈黃宗羲《明夷待訪錄》對孫中山民主思想的啓蒙〉，《北京大學學報（哲學社會科學版）》，2011年9月第5期，頁111～116、劉業興、陳緒敎：〈試論黃宗羲民主啓蒙思想之歷史地位〉，《安康師專學報》，2006年8月第18卷第4期，頁34～36、程志華：〈黃宗羲民主思想成因初探〉，《河北大學學報（哲學社會科學版）》，1998年9月第23卷第3期，頁83～87、陳谷嘉：〈黃宗羲倫理思想的近代民主啓蒙元素——《明夷待訪錄》對封建君主專制的批判〉，《倫理學研究》，2013年3月第2期，頁35～39、湯孔仁：〈析《明夷待訪錄》的「明夷」——兼評黃宗羲的民主思想〉，《船山學報》，1987年第02期，頁114～116、127，胡嘯：〈論黃宗羲民主啓蒙思想及其源流〉，《復旦學報（社會科學版）》，1980年第06期，

懷正源於對門戶共立的蘄望這一燎原星火。

總而言之，黃宗羲對門戶並立的申訴可謂貫徹了他生命中的方方面面，竊以爲他的渴望無不反映當時王學所受到的空前的抨擊與嚴重排斥。明末諸儒由王學復歸到朱學傳統時，將國家社稷的衰亡歸咎於王學的罅漏和流弊，黃宗羲便是面對排山倒海的反對聲浪來恢復王學原貌，力證王學實乃治聖學之一重要門戶。他宛如夾縫求生，力圖復蘇氣息惙然的王學，但前朝遺老最終還是因種種因素決意捨棄風靡一時的王學，而另闢蹊徑。這也爲清初學者轉向考據學提供了歷史背景的根據。西方學者司徒琳就曾指出，《明儒學案》的誕生正反映了明末清初的士人已逐漸捨去易流於空疏飄渺的「心學」，預示著他們開始趨向於考據學。〔註29〕

黃宗羲身處在以程、朱爲正統的經世大潮流下，他強力忍垢，窮其一生做出對注疏傳統的控訴之餘，更望學者能借鑒其論述，獲得治學修身之滋養，進而付諸實踐。〔註30〕其苦心孤詣盡蘊於卷帙浩繁的《明儒學案》之中。無怪黃宗羲、黃百家父子將此著作視爲學術史上的劃時代大事。〔註31〕但一言以蔽之，若作爲學術思想史著，《明儒學案》或因黃宗羲對於門戶共立求之過甚而導致史料搜集、取捨、編排、剪裁上有失於偏頗之嫌；若欲詳知有明之學，程、朱及陸、王二脈之流裔如何在學術上互相詰難、斟酌、綰合的言論種種，如何門戶分治，則《明儒學案》仍不失爲選精集萃的力作。

頁 56～61。

〔註29〕 司徒琳譽《明儒學案》爲明清學術轉入新範式的關鍵作品。見 Struve, Lynn A.(司徒琳), "Huang Zongxi in Context: A Reappraisal of His Major Writings," p. 484.

〔註30〕 朱鴻林也針對黃宗羲自述其書「未免風光狼藉，學者徒增見解，不作切實工夫，則義反以此書得罪於天下後世矣」，説明《明儒學案》不只是要讓人看到明儒學術的源流脈絡，而是要「拿來作自己修養身心的一個把柄、一個參照點」。見朱鴻林：《朱鴻林讀黃宗羲：〈明儒學案〉講稿》，頁 30～31。

〔註31〕 朱鴻林：《朱鴻林讀黃宗羲：〈明儒學案〉講稿》，頁 11～12。

參考書目

傳統文獻

1. 〔宋〕錢時：《融堂四書管見》，收入《景印欽定文淵閣四庫全書》，第 183 冊（臺北：臺灣商務，1983 年）。

2. 〔明〕陳獻章撰，孫通海點校：《陳獻章集》（北京：中華書局，1993 年）。

3. 〔明〕胡居仁：《胡文敬集》，收入《景印欽定文淵閣四庫全書》，第 1260 冊。

4. 〔明〕蔡清：《易經蒙引》，收入《景印欽定文淵閣四庫全書》，第 29 冊。

5. 〔明〕陳獻章：《白沙先生至言》，收錄於《續修四庫全書》（上海：上海古籍出版社，1995 年），第 936 冊。

6. 〔明〕蔡清：《虛齋蔡先生文集》（臺北：閩南同鄉會，1975 年）。

7. 〔明〕蔡清：《四書蒙引》，收入《景印欽定文淵閣四庫全書》，第 206 冊。

8. 〔明〕蔡清：《艾庵密箴；河洛私見；太極圖說》（據清乾隆 7 年〔1668〕蔡廷魁刻本影印），見《續修四庫全書》，第 936 冊。

9. 〔明〕王守仁：《王文成全集》（新編本）（杭州：浙江古籍出版社，2010 年）。

10. 〔清〕黃宗羲：《明儒學案》（慈溪：二老閣，1882 年）。

11. 〔清〕黃宗羲：《明儒學案》，康熙三十二年（1693）紫筠齋本，雍正十三年（1735）重印，出版地不詳。

12. 〔清〕黃宗羲：《明儒學案》（北京：中華書局，2008 年 1 月第 2 版，2010 年 8 月北京第 4 次印刷）

13. 〔清〕黃宗羲：《明文海》，見《景印欽定文淵閣四庫全書》，第 1457 冊。

14. 〔清〕黃宗羲：《明夷待訪錄》，收入《續修四庫全書》，第 945 冊。

15. 〔清〕黃宗羲：《破邪論》，收入《續修四庫全書》，第 495 冊。

16. 〔清〕黃宗羲，沈善洪主編：《黃宗羲全集》（杭州：浙江古籍出版社，1986 年）。

17. 〔清〕沈佳：《明儒言行錄》（臺北：明文書局，1991 年）。

18. 〔清〕李清馥：《閩中理學淵源考》，收入《景印欽定文淵閣四庫全書》，第 460 冊。

19. 〔清〕張廷玉：《明史》（北京：中華書局，1974 年）。

20. 〔清〕朱彝尊：《經義考》（北京：中華書局，1998 年）。

21. 〔清〕陸世儀：《思辨錄輯要》，卷 31，收入《景印文淵閣四庫全書》，第 724 冊。

22. 〔清〕雷鋐：《讀書偶記》，收入《景印文淵閣四庫全書》，第 725 冊。

23. 《讀書偶記》提要，收入《欽定四庫全書總目》，725：661。

24. 《四書蒙引》提要，收入《欽定四庫全書總目》，206：1～2。

25. 《易經蒙引》提要，收入《欽定四庫全書總目》，29：1～2。

26. 《虛齋集》提要，收入《欽定四庫全書總目》，1257：755b～756。

27. 《小山類稿》提要，收入《欽定四庫全書總目》，1272：285b～286。

28. 《明文海》提要，收入《景印文淵閣四庫全書》，1453：1～2。

29. 《思辨錄輯要》提要，收入《景印文淵閣四庫全書》，724：1～2。

30. 《讀書偶記》提要，收入《景印文淵閣四庫全書》，725：661。

31. 《居業錄》提要，收入《景印文淵閣四庫全書》，714：1b。

32. 《劉子遺書》提要，收入《景印文淵閣四庫全書》，717：99～100。

中文專書

1. 陳榮捷：《王陽明與禪》（臺北市：臺灣學生，1984 年）。

2. 陳郁夫：《江門學記：陳白沙及湛甘泉研究》（臺北：臺灣學生書局，1984 年）。

3. 陳祖武：《中國學案史》（臺北：文津出版社，1994 年）。

4. 程志華：《困境與轉型：黃宗羲哲學文本的一種解讀》（北京：人民出版社，2005 年）。

5. 傅小凡，卓克華：《閩南理學的源流與發展》（福州：福建人民出版社，2007 年）。

6. 高令印，陳其芳：《福建朱子學》（福建：人民出版社，1986 年）。

7. 郭齊：〈說黃宗羲《明儒學案》晚年定本〉，《史學史研究》，2003 年 02 期。

8. 黃敦兵：《黃宗羲倫理思想的主題及其展開》（北京：中國社會科學出版社，2012 年）。

9. 苟小泉：《陳白沙哲學研究》（北京市：中華書局，2009 年）。

10. 古清美：《明代理學論文集》（臺北：大安出版社，1990 年）。

11. 姜允明：《王陽明與陳白沙》（臺北市：五南圖書出版公司，2007 年）。

12. 勞悅強：《文內文外——中國思想史中的經典詮釋》（臺北市：台大出版中心，2010 年）。

13. 李源澄：《經學通論》（上海：華東師範大學出版社，2009 年）。

14. 梁啓超：《中國近三百年學術史》（北京：東方出版社，2004 年）。

15. 林于盛：《黃梨洲思想旨歸探析》（臺北縣永和市：花木蘭文化出版社，2010 年）。

16. 劉述先：《黃宗羲心學的定位》（臺北：允晨文化事業股份有限公司，1986 年）。

17. 呂妙芬：《陽明學士人社群：歷史、思想與實踐》（臺北市：中央研究院近代史研究所，2003 年）。

18. 呂妙芬：《胡居仁與陳獻章》（臺北市：文津出版社，1996 年）。

19. 彭國翔：《良知學的展開：王龍溪與中晚明的陽明學》（臺北市：臺灣學生書局，2003 年）。

20. 容肇祖：《明代思想史》（上海：上海書店影印，1990 年）。

21. 錢穆：《中國學術思想史論叢（七）》，《錢賓四先生全集》（臺北：聯經出版事業股份有限公司，1994 年）。

22. 錢穆：《中國學術思想史論叢（八）》（北京：生活‧讀書‧新知三聯書店，2009 年）。

23. 錢穆：《中國近三百年學術史（一）》（北京：九州出版社，2011 年）。

24. 錢穆：《國學概論》（北京：九州出版社，2011 年）。

25. 錢穆：《宋明理學概述》，《錢賓四先生全集》（臺北：聯經出版事業股份有限公司，1994 年）。

26. 錢穆：《中國史學名著》（臺北：三民書局，1974 年再版）。

27. 吳光主編：《黃宗羲與明清思想》（上海：上海古籍出版社，2006 年）。

28. 吳光主編：《黃宗羲論：國際黃宗羲學術討論會論文集》（杭州：浙江古籍出版社，1987 年）。

29. 熊十力：《熊十力全集》（武漢：湖北教育出版社，2001 年）。

30. 徐定寶：《黃宗羲評傳》（南京：南京大學出版社，2002 年）。

31. 楊國榮：《王學通論：從王陽明到熊十力》（臺北市：五南圖書出版有限

公司，1997 年）。

32. 余英時：《宋明理學與政治文化》（桂林市：廣西師範大學出版社，2006年）。

33. 俞樟華、邱江寧：《清代傳記研究》（上海：上海三聯書店，2013 年）。

34. 章沛：《陳白沙哲學思想研究》（廣東：廣東人民出版社，1984 年）。

35. 周天慶：《明代閩南四書學研究：以宗朱學派爲中心》（北京：東方出版社，2010 年）。

36. 朱鴻林：《朱鴻林讀黃宗羲：《明儒學案》講稿》（香港：中文大學出版社，2013 年）。

37. 朱鴻林：《明儒學案點校釋誤》（臺北：中央研究院歷史語言研究所，1991 年）。

38. 朱鴻林：《明人著作與生平發微》（桂林市：廣西師範大學出版社，2005年）。

39. 朱鴻林：《中國近世儒學實質的思辨與習學》（北京：北京大學出版社，2005 年）。

40. 朱義祿：《黃宗羲與中國文化》（貴陽：貴州人民出版社，2001 年）。

中文論文

1. 包利民、唐瀚：〈中西比較視野中的「強者政治學」——從黃宗羲與柏拉圖的古典政治思想出發〉，《求是學刊》，2012 年 05 期，頁 26～31。

2. 陳暢：〈論《明儒學案》的道統論話語建構〉，《學海》，2012 年 01 期，頁 155～159。

3. 陳復、葉震：〈評黃宗羲對錢德洪思想的認識〉，《陽明學刊》，2011 年第五輯，頁 221～243。

4. 陳谷嘉：〈黃宗羲倫理思想的近代民主啓蒙元素——《明夷待訪錄》對封建君主專制的批判〉，《倫理學研究》，2013 年 3 月第 2 期，頁 35～39。

5. 陳錦忠：〈黃宗羲《明儒學案》著成因緣與其體例性質略探〉，《東海學報》，1984 年 25 期，頁 111～139。

6. 陳衛平：〈突破傳統，書寫信史——《明儒學案》對中國哲學史學科的歷史先導意義〉，《人文雜誌》，2012 年 03 期，頁 19～24。

7. 程志華：〈黃宗羲民主思想成因初探〉，《河北大學學報（哲學社會科學版）》，1998 年 9 月第 23 卷第 3 期，頁 83～87。

8. 鄧富華：〈黃宗羲傳記文學思想芻議〉，《文藝評論》，2011 年 08 期，頁 108～113。

9. 鄧輝、左珂：〈「氣本論」下的「聖王之治」——黃宗羲政治思想的哲學

探究〉,《吉首大學學報（社會科學版）》,2010 年 03 期,頁 5～8。

10. 董根洪:〈論黃宗羲實學和朱舜水實學的區別〉,《孔子研究》,1997 年 04 期,頁 79～87。

11. 杜恂誠:〈「黃宗羲定律」是否能夠成立？〉,《中國經濟史研究》,2009 年 01 期,頁 153～156、176。

12. 方祖猷:〈黃宗羲《明夷待訪錄》對孫中山民主思想的啟蒙〉,《北京大學學報（哲學社會科學版）》,2011 年 9 月第 5 期,頁 111～116。

13. 方祖猷:〈從王艮到黃宗羲——試論中國啟蒙思潮的產生和演變〉,《寧波大學學報（人文科學版）》,2013 年 06 期,頁 78～83。

14. 馮凱峰:〈論黃宗羲的人才觀及對現代教育的啟示〉,《寧波教育學院學報》,2014 年 01 期,頁 79～82。

15. 高喆:〈從黃宗羲定律探析中國當前稅制結構〉,《韶關學院學報（社會科學）》,2013 年 03 期,頁 98～100。

16. 顧家寧:〈秩序與心性：經世視域中的黃宗羲心學探析〉,《現代哲學》,2014 年 02 期,頁 113～116。,頁 109～117

17. 郭齊:〈說黃宗羲《明儒學案》晚年定本〉,《史學史研究》,2003 年 02 期,頁 43～50。

18. 胡發貴:〈試論黃宗羲的「學校」觀〉,《中共寧波市委黨校學報》,2011 年 03 期,頁 113～116。

19. 胡嘯:〈論黃宗羲民主啟蒙思想及其源流〉,《復旦學報（社會科學版）》,1980 年第 06 期,頁 56～61。

20. 黃敦兵、雷海燕:〈黃宗羲與明清之際學統的重建〉,《浙江學刊》,2008 年 02 期,頁 55～63。

21. 黃敦兵:〈試論黃宗羲對王畿的哲學史重構〉,《湖北經濟學院學報》,2009 年 06 期,頁 111～118。

22. 黃敦兵:〈試論黃宗羲的鄉俗治理思想——以黃宗羲對命運觀與葬地制的批評為例〉,《湖北經濟學院學報》,2014 年 02 期,頁 96～101。

23. 黃勇軍:〈中國傳統異端思想的自我限度——李贄與黃宗羲倫理思想比較研究〉,《倫理學研究》,2011 年 04 期,頁 32～36。

24. 黃勇軍:〈清末以降黃宗羲研究批判〉,《湖南師範大學社會科學學報》,2011 年 02 期,頁 125～128。

25. 黃勇軍:〈權力論：黃宗羲對儒家政治合法性理論的復歸與突破〉,《湖南師範大學社會科學學報》,2012 年 04 期,頁 80～83。

26. 賈慶軍:〈黃宗羲的天人感應說與革命思想〉,《自然辯證法研究》,2011 年 05 期,頁 102～106。

27. 賈慶軍：〈黃宗羲的王霸義利之辨〉，《寧波大學學報（人文科學版）》，2012 年 02 期，頁 54～58。

28. 賈慶軍：〈黃宗羲與弟子學術分歧研究之思考——《清初浙東學派論叢》專章析評〉，《史林》，2013 年 01 期，頁 176～184、191。

29. 雷斌慧：〈清初浙東學派文學思想的嬗變——以黃宗羲、全祖望同題碑傳文為介質〉，《浙江學刊》，2014 年 01 期，頁 101～107。

30. 李愛賢：〈論黃宗羲的婦女觀——以黃宗羲女性散傳為例〉，《天水師範學院學報》，2014 年 02 期，頁 54～57。

31. 李存山：〈從民本走向民主的開端——兼評所謂「民本的極限」〉，《華東師範大學學報（哲學社會科學版）》，2006 年第 06 期，頁 1～8。

32. 李繼富：〈黃宗羲政治思想變化及其原因淺析〉，《法制與社會》，2011 年 01 期，頁 251。

33. 李文輝：〈從《伊洛淵源錄》到《明儒學案》——學案體之體例演進研究〉，《中山大學研究生學刊（社會科學版）》，2009 年 01 期，頁 1～20。

34. 黎馨平：〈《易經蒙引》對《周易本義》的注疏價值〉，《周易研究》，2009 年 04 期，頁 17、18。

35. 梁雪：〈黃宗羲教育思想成因初探〉，《滄桑》，2011 年 02 期，頁 13～14。

36. 劉恒武、楊心珺：〈明代的錢法阻滯問題與黃宗羲的錢法思想〉，《浙江社會科學》，2010 年 09 期，頁 64～71、127。

37. 劉華安：〈黃宗羲君主政治理論中的「協同治理」思想探析〉，《浙江社會科學》，2010 年 09 期，頁 72～77、127。

38. 劉梁劍：〈人物之際：黃宗羲「一本萬殊」思想的一個面向〉，《學海》，2012 年 01 期，頁 160～164。

39. 劉岐梅：〈黃宗羲研究百年述評〉，《青島大學師範學院學報》，2006 年 02 期，頁 63～64。

40. 劉曉：〈淺談黃宗羲教育思想及對當代素質教育的啟發〉，《江西教育》，2011 年 08 期，頁 7。

41. 劉業興、陳緒敖：〈試論黃宗羲民主啟蒙思想之歷史地位〉，《安康師專學報》，2006 年 8 月第 18 卷第 4 期，頁 34～36。

42. 劉勇：《黃宗羲對泰州學派歷史形象的重構——以〈明儒學案·顏鈞傳〉的文本檢討為例》，（臺北）《漢學研究》，2008 年 01 期，頁 165～196。

43. 樓毅生：〈論黃宗羲的史學思想及其影響〉，《河北學刊》，1995 年 06 期，頁 103～107。

44. 彭國翔：〈公議社會的建構：黃宗羲民主思想的真正精華——從《原君》到《學校》的轉換〉，《求是學刊》，2006 年 04 期，頁 44～49。

45. 祁英：〈學術史專著：《明儒學案》〉，《華夏文化》，2000 年 01 期，頁 60 ～61。

46. 屈甯、王曼：〈論《明儒學案》的歷史內涵和思想價值〉，《史學理論與史 學史學刊》，2012 年 00 期，頁 231～244。

47. 邵漢明：〈論黃宗羲、嚴復民主啓蒙思想的差異性〉，《天津師範大學學報 （社會科學版）》，2009 年第 2 期，頁 22～27。

48. 宋野草、詹石窗：〈蔡清易學思想考論〉，《東南學術》2011 年 03 期，頁 150、151。

49. 孫寶山：〈黃宗羲對陽明學的繼承和調整〉，《中州學刊》，2012 年 04 期， 頁 128～133。

50. 湯孔仁：〈析《明夷待訪錄》的「明夷」——兼評黃宗羲的民主思想〉，《船 山學報》，1987 年第 02 期，頁 114～116、127。

51. 萬昌華：〈黃宗羲國家政治體制思想研究〉，《魯東大學學報（哲學社會科 學版）》，2012 年 02 期，頁 1～8。

52. 王慧：〈黃宗羲教化思想研究〉，《教育評論》，2013 年 01 期，頁 144～ 146。

53. 王記錄：〈《明儒學案》緣何不爲李贄立學案？——兼談黃宗羲的學術史 觀〉，《河南師範大學學報（哲學社會科學版）》，2003 年 05 期，頁 14～ 16。

54. 王家範：〈複雜的歷史，需要複雜的頭腦——從「黃宗羲定律」說開去〉， 《探索與爭鳴》，2010 年 01 期，頁 25～32。

55. 王婧倩、唐玉潔：〈《明儒學案》學術史觀發微〉，《黑河學刊》，2012 年 06 期，頁 52～53。

56. 王濤：〈黃宗羲教育思想對明清實學思潮的影響〉，《西北第二民族學院學 報（哲學社會科學版）》，2008 年 05 期，頁 90～93。

57. 溫德朝：〈論黃宗羲詩學思想與清初浙派之建構〉，《燕山大學學報（哲學 社會科學版）》，2010 年 03 期，頁 81～87。

58. 溫德朝、徐放鳴：〈黃宗羲詩歌審美藝術論〉，《南京社會科學》，2009 年 02 期，頁 87～92。

59. 武道房：〈黃宗羲的學術思想與詩文批評〉，《文學評論》，2011 年 03 期， 頁 41～50。

60. 吳光：〈從陽明心學到「力行」實學——論黃宗羲對王陽明、劉宗周哲學 思想的批判繼承與理論創新〉，《中國哲學史》，2007 年 03 期，頁 100～ 111。

61. 吳光：〈談談陽明學的眞精神——兼論劉宗周黃宗羲對陽明學的轉型〉， 《教育文化論壇》，2010 年 04 期，頁 1～6。

62. 吳懷祺:〈《明儒學案》,一部開風氣的學術史著作〉,《史學史研究》,2000 年 01 期,頁 24～30。

63. 吳增禮:〈黃宗羲的遺民觀──從「繼志續事」的角度看〉,《華中師範大學學報(人文社會科學版)》,2014 年 S2 期,頁 125～128。

64. 徐放鳴、溫德朝:〈黃宗羲詩歌審美藝術論〉,《南京社會科學》,2009 年 02 期,頁 87～92。

65. 楊國榮:〈本體與工夫:從王陽明到黃宗羲〉,《浙江學刊》,2000 年 05 期,頁 12～18。

66. 姚文永:〈《明儒學案》編纂原則與方法初探〉,《淡江人文社會學刊》,2010 年 3 月,頁 47～68。

67. 姚文永:〈「共行只是人間路,得失誰知天壤分」──從「一本而萬殊」看《明儒學案》為何不給李贄立案〉,《雲南民族大學學報(哲學社會科學版)》,2010 年 02 期,頁 93～96。

68. 姚文永:〈淺談《明儒學案》在編輯學上的特色〉,《編輯之友》,2010 年 07 期,頁 100～101。

69. 姚文永:〈析薛瑄的復性說──兼論黃宗羲在《明儒學案》中對薛瑄的評價〉,《中國石油大學學報(社會科學版)》,2013 年 04 期,頁 62～65。

70. 姚文永:〈淺析黃宗羲對學案體的設計──兼釋《明儒學案》未列諸儒之原因〉,《圖書館研究與工作》,2014 年 01 期,頁 49～52。

71. 姚文永:〈淺談《明儒學案》的文獻選擇──以顏均、何心隱、陳九川為例〉,《運城學院學報》,2014 年 01 期,頁 9～12。

72. 姚文永、宋曉伶:〈「自得」和「宗旨」──《明儒學案》一個重要的編撰方法與原則〉,《大連大學學報》,2010 年 3 月,頁 7～11。

73. 姚文永、王明雲:〈從《明儒學案》看黃宗羲的儒佛觀及其矛盾〉,《中國石油大學學報(社會科學版)》,2012 年 05 期,頁 81～84。

74. 姚文永、王明雲:《明儒學案》補編編著芻議,《佳木斯大學社會科學學報》,2012 年 06 期,頁 74～75。

75. 姚文永、張國平:重「工夫」輕「本體」──談黃宗羲編著《明儒學案》所貫穿的一條重要原則,《殷都學刊》,2011 年第 04 期,頁 139～143。

76. 俞樟華、俞波恩:〈黃宗羲傳記理論研究〉,《荊門職業技術學院學報》,2006 年 05 期,頁 33～37、71。

77. 允春喜:〈「民本之極限」還是「民主之萌芽」──黃宗羲政治思想定位〉,《北京科技大學學報(社會科學版)》,2009 年 03 期,頁 39～45。

78. 允春喜:〈黃宗羲「君臣」觀辨析〉,《道德與文明》,2011 年 01 期,頁 103～108。

79. 允春喜:〈在道義與事功之間──黃宗羲倫理政治思想新探展〉,《北京行

政學院學報》，2014 年 02 期，頁 107～111。

80. 張愛梅：〈試論黃宗羲教育思想之特色〉，《淮陰師範學院學報（哲學社會科學版）》，2012 年 06 期，頁 828～831。

81. 張代響：〈本土民主法治的先聲──黃宗羲法律思想評述〉，《法制與社會》，2012 年 36 期，頁 15～16。

82. 張宏敏：〈當代黃宗羲思想與著作研究最新成果──「黃宗羲民本思想國際學術研討會」綜述〉，《哲學動態》，2006 年 08 期，頁 71～72。

83. 張宏敏：〈王陽明「本體工夫之辨」在明清之際的學術走向──以劉宗周、黃宗羲為中心的思考〉，《陽明學刊》，2009 年 00 期，頁 131～137。

84. 張立文：〈黃宗羲窮心的萬殊之學〉，《杭州師範大學學報（社會科學版）》，2013 年 05 期，頁 1～10、46。

85. 張如安：〈不以門戶論是非，且承學統求正路──論黃宗羲的明文批評〉，《浙江社會科學》，2010 年 09 期，頁 78～82。

86. 張實龍：〈修德而後可講學──論《明儒學案》的精神〉，《浙江學刊》，2007 年 01 期，頁 86～92。

87. 張曉蘭：〈黃宗羲戲曲觀探微──兼論其學術觀對戲曲觀之影響〉，《東華理工大學學報（社會科學版）》，2012 年 02 期，頁 142～145。

88. 張笑龍：〈錢穆對《明儒學案》評價之轉變〉，《廣東社會科學》，2013 年 03 期，頁 138～144。

89. 張圓圓：〈黃宗羲學術發展規律論〉，《理論探討》，2013 年 02 期，頁 70～73。

90. 張志超、吳曉忠：〈關於解決收入分配失衡問題的對策研究──兼議破解「黃宗羲怪圈」的路徑選擇〉，《山東大學學報（哲學社會科學版）》，2013 年 03 期，頁 84～92。

91. 趙連穩：〈黃宗羲史學初探〉，《齊魯學刊》，1997 年 01 期，頁 108～114。

92. 趙慶：〈黃宗羲《明夷待訪錄》及其法律思想研究〉，《學理論》，2011 年 18 期，頁 217～218。

93. 趙文會：〈《明儒學案·師說羅汝芳傳》人物考辨〉，《寧波大學學報（人文科學版）》，2013 年 05 期，頁 89～92。

94. 周敏峰：〈陳獻章從祀孔廟探析〉，見江門市博物館網頁 http://www.jmbwg.com/Research_view.aspx?id=282。

95. 周天慶：〈靜虛工夫與明中後期的儒、道交涉──以朱熹後學蔡清為例〉，《東南學術》，2008 年 06 期，頁 93、95。

96. 朱光磊：〈《明儒學案·師說》「鄧先生」考述〉，《人文雜誌》，2013 年 05 期，頁 21～26。

97. 朱湘鈺：〈《龍惕書》與「龍惕說」議辯〉，《儒學研究論叢》第 2 輯（臺北：臺北市立教育大學人文藝術學院儒學中心，2009 年），頁 161～202。

98. 朱湘鈺：〈「雙江獨信『龍惕說』」考辨〉，《中國文哲研究集刊》2010 年 36 期，頁 79～101。

99. 朱義祿：〈論黃宗羲「詩文補史」說〉，《中共寧波市委黨校學報》，2010 年 05 期，頁 85～91。

英文專書

1. Ching, Julia ed., with collaboration of Chaoying Fang, *The Records of Ming Scholars: A Selected Translation* (Honolulu: University of Hawaii Press, 1987).

2. De Bary, Wm. Theodore, *Waiting for the Dawn: A Plan for the Prince* (New York: Columbia University Press, 1994).

3. Jen, Wu-wen, "Chen Hsien-chang's Philosophy of the Natural," in Wm. Theodore de Bary, ed., *Self and Society in Ming Thought* (New York: Columbia University Press, 1970), pp.51～92.

4. Koh, Khee Heong, *A Northern Alternative: Xue Xuan (1389~1464) and the Hedong School* (Cambridge, Mass.: Harvard University Asia Center: Distributed by Harvard University Press, 2011).

英文論文

1. Chan, Wing-tsit (陳榮捷), "Chan Jo-shui's Influence on Wang Yang-ming," *Philosophy East and West*, Vol. 23, No.1/2 (1973. 01 & 04), pp.10～12.

2. Campbell, Duncan M., "The Moral Status of the Book: Huang Zongxi in the Private Libraries of Late-imperial China [late Ming-early Ch'ing]," *East Asian History* nos. 32~33 (Dec 2006-Jun 2007): 1~24.

3. Liu, Shu-Hsien, "On Huang Tsung-hsi's Understanding of the Mencius," *Journal of Chinese Philosophy* 27, no. 3 (Sep 2000): 251~268.

4. Struve, Lynn A., (司徒琳), "Huang Zongxi in Context: A Reappraisal of His Major Writings," *Journal of Asian Studies*, Vol. 47, No. 3 (Aug., 1988): 474~502.

5. Struve, Lynn A., "Chen Que versus Huang Zongxi: Confucianism Faces Modern Times in the Seventeenth Century," *Journal of Chinese Philosophy* 18.1 (March 1991): 5~23.

6. Struve, Lynn A., "Enigma Variations: Huang Zongxi's Expectation of a New Age," *Ming Studies* no. 40 (Fall 1998): 72~85.

7. Struve, Lynn A., "The Early Ch'ing Legacy of Huang Tsung-hsi: A Reexamin- ation," *Asia Major* 3rd series, 1, pt. 1 (1988): 83~122.